正殿
政庁跡
市川
南門跡

監修者——五味文彦／佐藤信／高埜利彦／宮地正人／吉田伸之

［カバー表写真］
長者原遺跡復元模型
（武蔵国都筑郡家）

［カバー裏写真］
多賀城政庁復元模型
（陸奥国府）

［扉写真］
多賀城復元模型
（陸奥国府）

日本史リブレット 8

古代の地方官衙と社会

Sato Makoto
佐藤　信

目次

古代の地方官衙が語るもの

「地方官衙《かんが》」とは、わかりやすくいうと地方の役所のことである。古代史や考古学では、古代の地方におかれた役所やその遺跡について「地方官衙」「地方官衙遺跡」という用語を用いており、国指定史跡の名称にも「官衙遺跡」の語が使われている。しばしば「地方官衛」と誤記する学生がいるように、一般に広く知られた用語ではないが、「地方官司」「地方役所」の語もこなれていないので、本書では「地方官衙」と表現したい。

日本の古代国家では、中央の宮都におかれた二官《にかん》・八省《はっしょう》▲の官僚機構とは別に、地方の国・郡におかれた地方官衙が大きな役割を果たしていた。古代国家が中央集権的な全国支配のシステムをまがりなりにも実現するためには、地方官衙

▼二官・八省　律令制による中央政府の官僚組織は、祭祀・行政をつかさどる神祇官《じんぎかん》・太政官《だじょうかん》の二官と、太政官のもとで行政を分担した中務《なかつかさ》・式部《しきぶ》・治部《じぶ》・民部《みんぶ》・兵部《ひょうぶ》・刑部《ぎょうぶ》・大蔵《おおくら》・宮内《くない》の八省などからなり、奈良時代にはそれらの官庁群は平城宮《へいじょうきゅう》のなかに位置した。

による地方社会の統治・把握が前提となった。律令《りつりょう》制の地方行政組織は、畿《き》内《ない》・七道《しちどう》▲に編成された諸国の国ごとに「国―郡―里《り》（郷《ごう》）」で編成され、国には国《こく》司《し》、郡には郡司《ぐんじ》、「五十戸一里」で編成される里（郷）には里長《りちょう》（郷長《ごうちょう》）が任命され、それぞれの地方行政組織を代表した。中央から天皇の言葉を伝える「クニノミコトモチ」として地方諸国に派遣される国司が、国内統治の拠点としたのが国《こく》府《ふ》（国衙《こくが》）である。また、伝統的に在地を支配してきたかつての国造《くにのみやつこ》▲の系譜を受けつぐ地方豪族が郡司に任命され、郡内統治の拠点としたのが郡家《ぐうけ》（郡衙《ぐんが》）であった。里（郷）のレベルには郡家の出先機関がおかれることがあったが、本格的な役所としての「里家（郷家）」の存在は明確ではない。

日本の古代国家が中央集権的な国家体制を築き、地方から租税を都《みやこ》に集めさせるうえで、地方官衙が果たす役割は重要であった。民衆を掌握するための戸籍の作成や都に運ぶ調庸物《ちょうようぶつ》▲など租税の徴収も、実際には郡家レベルでの作業を中心としながら、国府レベルで都に届ける公文書作成や貢調使《こうちょうし》など使者の編成を行って実現したのであった。中央集権制を実現する道具立てとして、地方官衙は古代国家になくてはならず、そこにつとめる多くの下級官人たちの存在

▼**畿内・七道**　古代の行政区画は、天皇の王城《おうじょう》の地である京のほか、その周辺の畿内《きない》とその外の畿《き》外《がい》とに国をおき、国の下を郡・里（郷）に編成した。畿内は、大和《やまと》・山背《やましろ》（山城）・摂津《せっつ》・河内《かわち》・和泉《いずみ》の五カ国からなり、畿外諸国は東海《とうかい》道《どう》・東山《とうさん》道・北陸《ほくりく》道・山陰《さんいん》道・山《さん》陽《よう》道・南海《なんかい》道・西海《さいかい》道の七道に区分された（四〜五ページ図参照）。

▼**国造**　倭《わ》の大王《おおきみ》《だいおう》が、各地の有力地方豪族を編成するためにあたえた称号。伝統的な地域支配権をもちながら大王に奉仕する関係を結んだ国造氏族《しぞく》は、のち律令国家のもとで地方官としての郡司になっていった。

も、また欠かせないものであった。

　こうして諸国・諸郡におかれた役所である国府や郡家の遺跡が、近年各地で発掘調査されており、その実像が判明してきた。さらに、これら地方官衙遺跡からは木簡《もっかん》・漆紙文書《うるしがみもんじょ》▲・墨書土器《ぼくしょどき》などの出土文字資料が多くみつかっており、地方官衙が果たした多様な機能や、在地社会とのあいだで密接な関係をもったありさまが明らかになってきた。これまで文献史料の記録がなかった日本列島各地の地域の古代史が、みえるようになってきたともいえる。古代国家の中央集権的なあり方を再検討するうえでも、こうした地方官衙にみられる諸地域の古代史をふまえて、『日本書紀《にほんしょき》』『続日本紀《しょくにほんぎ》』や律令など中央・貴族を中心に描いた文献史料による古代史像を、改めて立体的・複眼的にみなおすことが必要になってきたと思う。

▼調庸物　調は繊維製品や海産物などの地方特産物、庸は繊維製品などをおさめる税で、諸国で稲穀を収納し運用する租とは異なり、いずれも都まで運ばなくてはならない負担であった。平城宮跡からは、諸国で調庸物につけた荷《に》札《ふだ》木《もっ》簡《かん》が多数出土している。

▼漆紙文書　古代の地方官衙に付属する漆の工房では、漆の樹液を保存するための蓋《ふた》として、役所で使用済みとなった公文書の反故《ほご》紙《し》を樹液の上面に密着させた。すると漆が浸透して紙がコーティングされ、のち地中に廃棄されても文書は腐食せず、発掘調査で出土する。これが漆紙文書で、各地の地方官衙遺跡で出土している。

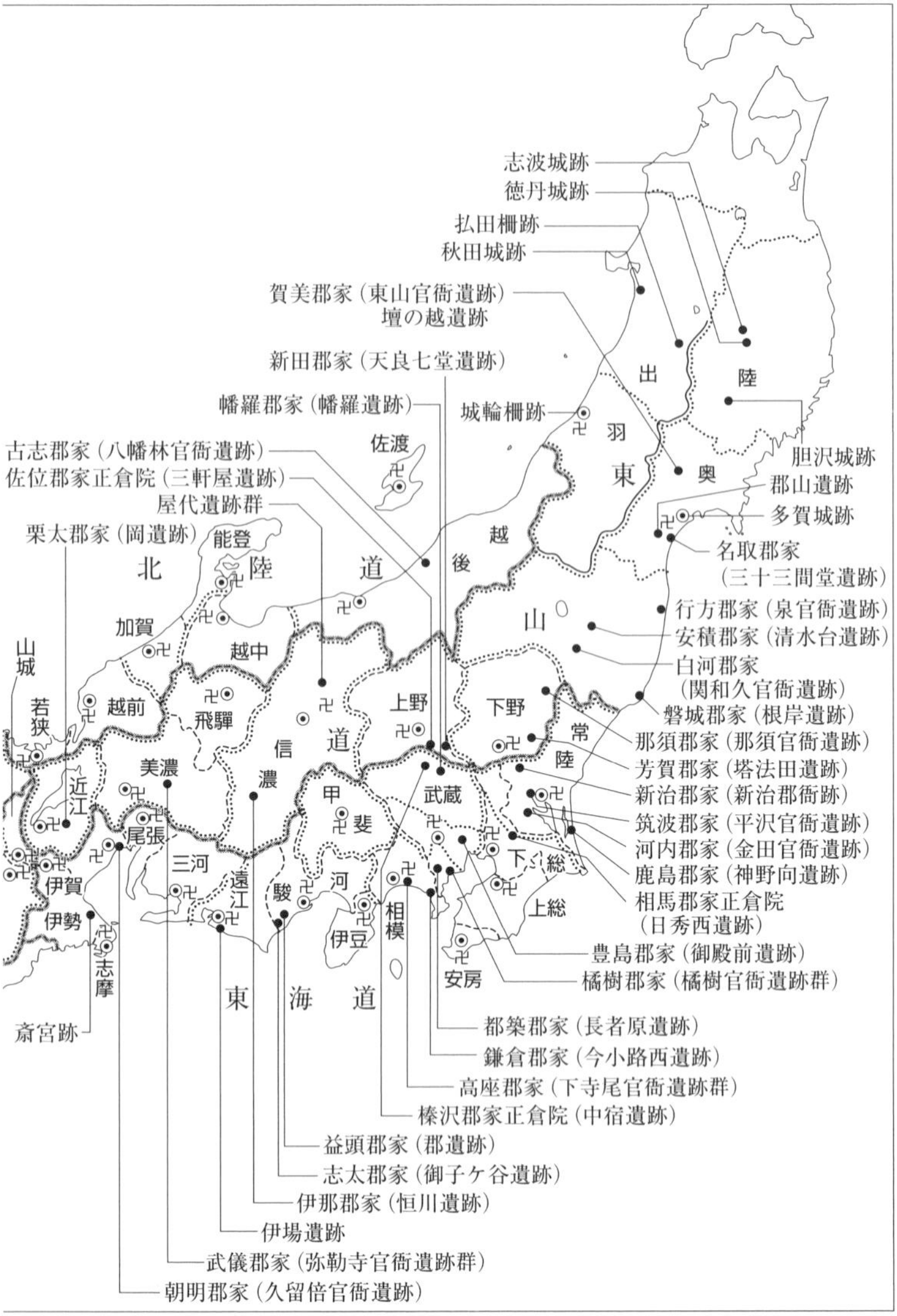

志波城跡
徳丹城跡
払田柵跡
秋田城跡
賀美郡家（東山官衙遺跡）
壇の越遺跡
新田郡家（天良七堂遺跡）
幡羅郡家（幡羅遺跡）
城輪柵跡
古志郡家（八幡林官衙遺跡）
佐位郡家正倉院（三軒屋遺跡）
屋代遺跡群
栗太郡家（岡遺跡）
胆沢城跡
郡山遺跡
多賀城跡
名取郡家
（三十三間堂遺跡）
行方郡家（泉官衙遺跡）
安積郡家（清水台遺跡）
白河郡家
（関和久官衙遺跡）
磐城郡家（根岸遺跡）
那須郡家（那須官衙遺跡）
芳賀郡家（塔法田遺跡）
新治郡家（新治郡衙跡）
筑波郡家（平沢官衙遺跡）
河内郡家（金田官衙遺跡）
鹿島郡家（神野向遺跡）
相馬郡家正倉院
（日秀西遺跡）
豊島郡家（御殿前遺跡）
橘樹郡家（橘樹官衙遺跡群）
都築郡家（長者原遺跡）
鎌倉郡家（今小路西遺跡）
高座郡家（下寺尾官衙遺跡群）
榛沢郡家正倉院（中宿遺跡）
益頭郡家（郡遺跡）
志太郡家（御子ケ谷遺跡）
伊那郡家（恒川遺跡）
伊場遺跡
武儀郡家（弥勒寺官衙遺跡群）
朝明郡家（久留倍官衙遺跡）
斎宮跡
出羽
陸奥
佐渡
越後
北陸道
能登
加賀
越中
越前
若狭
山城
近江
飛騨
美濃
信濃
東山道
上野
下野
常陸
武蔵
甲斐
下総
上総
安房
相模
伊豆
駿河
遠江
三河
尾張
伊賀
伊勢
志摩
東海道

004

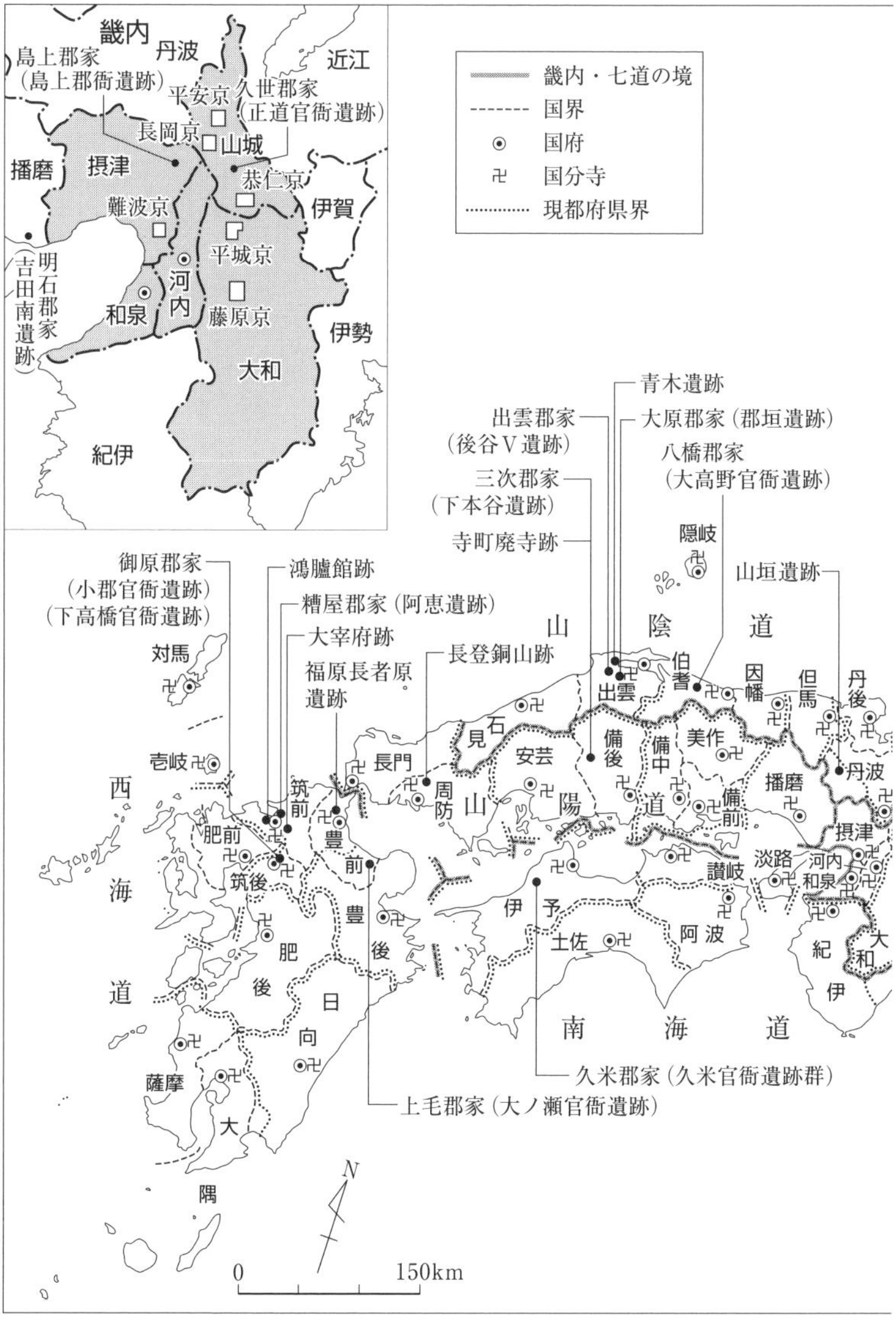

●——代表的な地方官衙（国府・郡家）遺跡

①—律令国家と地方官衙

律令国家と地方官衙

日本の古代国家が、先進的な支配システムである唐《とう》の律令《りつりょう》制を受容し、諸地方からの貢進物《こうしんぶつ》を宮都に集中させる中央集権的な律令国家体制を組み立てるためには、地方豪族《ごうぞく》たちが伝統的にもってきた民衆支配権を統合することが必要であった。かつての倭国《わこく》の大王《だいおう》権力(大和《やまと》政権)の時代以来、古墳《こふん》時代の畿内《きない》を中心として分布する前方後円墳《ぜんぽうこうえんふん》にみられる体制や、六世紀ころからの国造《こくぞう》制・ミヤケ▲(屯倉)制・部《べ》▲制などをとおして、地方豪族たちを大王の王権のもとに編成・服属していく歴史過程が展開した。埼玉《さきたま》古墳群稲荷山《いなりやま》古墳(埼玉県行田《ぎょうだ》市)出土の鉄剣や江田船山《えだふなやま》古墳(熊本県玉名《たまな》郡和水《なごみ》町)出土の鉄刀の銘文には、「ワカタケル大王」(『宋書《そうじょ》』倭国伝《わこくでん》の倭王武《ぶ》、『古事記《こじき》』『日本書紀《にほんしょき》』の雄略《ゆうりゃく》天皇にあたる)の名がきざまれて大王との結びつきが強調されており、大王とその「治天下」を支えた地方豪族たちとのつながりが示されている。『宋書』に載せる倭王武の上表文《じょうひょうぶん》▲には、武にいたる大王たちが東方・西方・海北地方の「諸国」を「服

▼ミヤケ　倭の大王の直轄領的な支配地であり、その経営体をさす。『日本書紀』では屯倉と表記し、ほかに官家・御宅などとも記す。王権支配下のクラや、経営拠点としてのヤケ(御宅・三宅)に始まる。地方に設置されたミヤケの経営には、国造に任じられた地方豪族があたる場合がある。

▼部　倭の大王や有力中央豪族に従属して貢納・奉仕する人的な集団。地方の民衆を部民として人的に把握・支配する制度であるが、地方豪族が在地の部民の管理者としてあいだに介在した。

▼倭王武の上表文　『宋書』倭国伝に載る、倭王武が四七八年に宋の順帝《じゅんてい》にあてたてまつった文書。皇帝に臣従しつつ、日本列島内外へのみずからの支配権拡大を誇示するとともに、高句麗との戦いへの支援を依頼する内容。武は、稲荷山古墳出土鉄剣銘にみえるワカ

属」させる軍事行動に明け暮れたことが記されている。その過程では、六世紀前半の筑紫国造《ちくしのくにのみやつこ》磐井《いわい》の戦い▲にみられるような地方豪族たちの反発もあったが、倭王権は、東アジアの国際的緊張関係や中国・朝鮮半島諸国(高句麗《こうくり》・百済《ひゃくさい》《くだら》・新羅《しんら》《しらぎ》)との交流の掌握をテコとし、また強大な軍事力を背景としながら、地方豪族たちを同盟的関係からしだいに隷属関係の下へと組み込んでいった。

磐井が「筑紫君」と呼ばれ、東国《とうごく》の古墳文化を代表する有力地方豪族の毛野《けぬ》氏が「毛野君《けぬのきみ》」と呼ばれて君の称号をもつように、かつては各地で「王《きみ》」として君臨した地方豪族たちは、倭王権の「大王《おおきみ》」のもとにしだいに服属していった。大王からあたえられるカバネや国造などの称号・職位は、そうした服属化を象徴する道具でもあった。そして、七世紀初めには、『隋書《ずいしょ》』倭国伝の、

軍尼《くに》一百二十人あり。なお中国の牧宰《ぼくさい》のごとし。八十戸に一伊尼翼《いなき》を置く。今の里長《りちょう》の如きなり。十伊尼翼は一軍尼に属す。

という記載にうかがえるように、国造の下に稲置《いなき》が属するような整然とした地方制度が構成されつつあった。

七世紀半ばの孝徳《こうとく》天皇の時代には、「天下立評《てんかりっぴょう》」と呼ばれるように諸国にコホ

タケル大王で、のちの贈り名は雄略天皇。

▼**磐井の戦い**　『日本書紀』継体《けいたい》天皇条にみえる、五二七年に筑紫国造磐井が起こした「反乱」。大王が朝鮮半島南部の加耶《かや》に派遣しようとした大軍をさえぎり、筑紫(のち筑前《ちくぜん》・筑後《ちくご》)・火《ひ》(肥前《ひぜん》・肥《ひ》後《ご》)・豊《とよ》(豊前《ぶぜん》・豊後《ぶんご》)の諸国に勢力を張って、高句麗・百済・新羅・加耶諸国との外交権をにぎって抵抗した磐井は、二年がかりで制圧され、北部九州には王権直轄のミヤケがおかれた。『筑後国風土記』と発掘によって磐井の墓である岩戸山《いわとやま》古墳がわかり、九州古墳時代の石人《せきじん》・石馬《せきば》文化圏が磐井の支配圏であったことが知られた。

リ〈評。大宝令で「郡」となる〉がおかれ、地方豪族たちは中央からの使者〈クニノミコトモチ、国宰〉のもとでコホリノミヤツコとして地方制度下に編成される。さらに七世紀後半に律令国家が確立していく過程で、「大王」が「天皇《すめらみこと》」へと昇華していくのに対応して、地方豪族たちは古代官僚制のもとにおける地方官となり、律令国家のもとでみずからの在地支配権を確保しようとしたのであった。

律令国家のもとでは、天皇の命令を伝えるクニノミコトモチ＝国司《こくし》として中央貴族が地方に恒常的に派遣され、一方その国司のもとに伝統的な在地の地方豪族たちは郡司《ぐんじ》として編成され、直接郡内の民衆支配にあたった。任期のある国司に対して郡司は終身任官が原則であるなど、地方豪族に対して一定の配慮がなされる一方、郡司による郡内支配も、人格的・名望家的な支配ではなく、律令に基づく制度的・行政的な支配となった。民衆にとっては、負担する租税や労役も律令で定められた全国一律の負担に限定されたのである。こうした国郡制の地方制度が実際に機能するようになって、はじめて中央集権的な日本の律令国家が成り立ったのであった。

国司・郡司〈七世紀には評司《ひょうじ》〉は、律令国家の地方支配において重要な役割を担ったが、その統治拠点が「地方官衙」としての国府《こくふ》（国衙《こくが》）・郡家《ぐうけ》（郡衙《ぐんが》）。七世紀には評家《ひょうけ》）であった。諸国・諸郡におかれることになった役所は、それまでの地方豪族の私的な居館とは異なる国家的な行政施設であり、官僚制の原則が貫かれる場であった。

国府や郡家などの地方官衙の遺跡は、すでに日本列島各地で数多く発掘調査され、律令国家と地方社会との関係についてさまざまなことが明らかになってきている。中央・地方にわたる古代の律令官僚制を考えるときには、役所としての官衙（官司）と、役人としての官人との両面をみる必要があるが、ここでは「官衙」すなわち機構・組織・建物施設としての役所にも注目したい。なお、平安時代後期ごろから「国衙」「郡衙」と称される場合もあるが、八世紀にはそうした用語は用いられていないので、本書では「国府」「郡家」の語を用いる。こうした地方官衙・地方官衙遺跡のあり方を検討することによって、国家と地域社会との関係にみられる日本古代国家の中央集権性の実態がうかがえると思う。

国司

国司は、中央から派遣される地方官であり、クニノミコトモチと訓まれるように、天皇の言葉ミコトを伝える役割を担った。古代国家による地方の領域的支配を支える存在が国司であった。国司と伝統的な地方豪族が任じられる郡司とのあいだには、階層制を特徴とする官僚制的な上下関係が、支配・隷属の関係を内包して成立した。国司には、郡司の民衆たちへの在地支配権を統括する役割が求められた。こうした国司制の成立は、かつて地方豪族が任じられた国造の「クニ」単位ではなく、国家が区分した「国」の領域単位に中央豪族の国宰・国司が派遣されるという点で、中央集権的な国家の形成に対応するものであった。

『日本書紀』六四六(大化《たいか》二)年元日の「大化改新詔《たいかのかいしんのみことのり》」に記された国司像は、大宝令《たいほうりょう》▲による修飾がみられてそのまま信ずることはできないが、六四五(同元)年八月に「東国国司詔▲」によって東海地方以東の「東国」に派遣された「国司」たちのあり方には、大宝令制以前のクニノミコトモチの様相をうかがうことができる。「東国国司」は、一回かぎりの使者であり、恒常的におかれる地方官で

▼**大宝令**　天武天皇が始めた律令編纂は、持統《じとう》天皇の六八九年に飛鳥浄御原令《あすかきよみはらりょう》となったが、律はまだ唐《とう》のものを利用した。七〇一(大宝元)年完成の大宝律令になり、日本でつくられた律・令が整った。地方行政区画では、飛鳥浄御原令の「評」が大宝令では「郡」と表記され、荷札木簡の地名表記も一斉に改められた。

▼**東国国司詔**　『日本書紀』六四五(大化元)年八月条で、東国に派遣する使者の「国司」に対する命令。民衆の把握や水田調査が主目的で、一回きりの使者であった。ここでいう東国は、東海地方を含む東日本の広い範囲で、のちの坂東《ばんどう》(足《あし》柄《がら》峠・碓氷《うすい》峠以東)とは異なる。

●──国郡郷里の変遷

孝徳天皇時代	(天下立評)	評
670年	(庚午年籍)	評…五十戸
683(天武12)年	(諸国の境界を限る)	
689(持統3)年	浄御原令	国…評…里
690(持統4)年	(庚寅年籍)	
701(大宝元)年	大宝令	国…郡…里(五十戸一里)
717(養老元)年〜	(郷里制)	国…郡…郷…里(「こざと」)
740(天平12)年〜		国…郡…郷

はなかった。派遣目的も、領域内の統治全般ではなく、水田の調査と民戸の登録とがおもな目的であったが、「国造・郡領をのみ従わしむることを得ん」「国司等、国にありて罪を判ることを得ず」などと、従来の国造の在地支配権への内部干渉を避けるよう求められていた。のち壬申《じんしん》の乱《らん》をへた天武《てんむ》天皇の時代、六八三(天武十二)年に諸国の境界が限られるなど、地方の「国」の境界画定が進められ、国司による領域支配の基礎が築かれた。律令制的な国司になると、任期はあるものの地方に常置される存在となり、拠点として国府が必要となった。

一方、地方豪族の国造たちは、孝徳《こうとく》天皇の時代に諸国に設けられた評《こおり》の統治にあずかる評司(評造《こおりのみやつこ》や評督《こおりのかみ》・助督《こおりのすけ》)に任じられ、さらに大宝令で郡の郡司となっていった。『常陸国《ひたちのくに》風土記《ふどき》』によれば、地方豪族たちは、中央から派遣された「総領《そうりょう》」に申請して新しい評の設置を進め、その評司となることをめざすなどしている。地方豪族たちは、みずからの支配権を維持するために律令国家に積極的に協力していったとみられる。律令制下の郡司は、任期のない終身官であったり、国造に系譜する氏族《しぞく》が伝統的に採用される譜代《ふだい》主義など、官僚制的でなく土豪《どごう》的な「非律令的性格」が一部認められてもいた。

●―国司の官員

	守	介	大掾	少掾	大目	少目	史生
大国	1	1	1	1	1	1	3
上国	1	1	掾1		目1		3
中国	1		1		1		3
下国	1				1		3

官位相当：大国守…従五位上，介…正六位下，大掾…正七位下，少掾…従七位上，大目…従八位上，少目…従八位下。

国司が常置されその統治拠点として国府が整備されるのは、国府遺跡の発掘調査成果からは、八世紀初めのことであった。こうした国府の成立に先行して、七世紀半ばころの評の設置にともなって地方官衙としての評家(郡家)が成立していった。郡家遺跡の発掘調査成果からは、それまでの地方豪族の居館がそのまま評家となったのではなく、新しい官衙政庁の様式をとりいれて評庁《ひょうちょう》(郡庁)が営まれたのであった。八世紀に国府が整備されるまでのあいだに赴任した国司はどこを拠点としたのか、という問題については、評家(郡家)の客館などに寄住したことが推定され、また、天皇行幸《ぎょうこう》の際の行宮《あんぐう》のような仮屋《かりや》が営まれたことも考えられる。

国司が官僚制的に郡司たちを把握するうえで、郡家をしのぐ大規模な国府の造営は意味をもったであろう。藤原宮《ふじわらきゅう》跡から出土した木簡《もっかん》中の七世紀代の諸国からの貢進物荷札木簡には、国名を記さずに評名から書き始める事例がしばしばあるが、大宝令制下になると貢進物荷札木簡に国・郡・里《り》名を省略せず記載するようになることも、国司による郡司の官僚制的掌握が進んでいったことをうかがわせる。

国司の職掌は、職員令《しきいんりょう》70大国条に、長官である守の職掌をつぎのように定めている。

掌《つかさど》ることは、祠社▲のこと、戸口の簿帳、百姓を字養すること、農桑を勧《すす》め課《おお》すること、所部を糺《ただ》し察《み》ること、貢挙《こうきょ》▲、孝義、田宅、良賤《りょうせん》、訴訟、租《そ》調《ちょう》倉廩《そうりん》▲、徭役《ようえき》、兵士、器仗《きじょう》▲、鼓吹《こすい》▲、郵駅《ゆうえき》、伝馬《でんば》、烽候《ほうこう》▲、城牧《じょうぼく》、過所《かしょ》▲、公私の馬牛、闌遺《らんい》の雑物▲のこと、および寺、僧尼の名籍のこと。

民衆の把握と維持、儒教《じゅきょう》的な教化、国家的な祭祀《さいし》・身分制・租税徴収・軍隊・交通・国有財産などの維持、裁判や遺失物取扱い、そして仏教統制といった多岐にわたる国内の政務万般である。これらを文書《もんじょ》主義のもとで行政的・制度的に執行するのが国司の任務であった。国司は任期をもつ官僚的な存在であり、同時に地方官衙の国府も、行政的・制度的・官僚制的な存在であった。

また国司は、律令制のもとで儀礼（政務・儀式・饗宴《きょうえん》）的な支配を行った。詳しくは後述するが、諸国の国庁《こくちょう》で行う元日《がんじつ》の儀礼では、まず(1)国司の長官が部下の国司や郡司を従えて、国庁正殿《せいでん》に向かって天皇に対する朝拝《ちょうはい》を行い、(2)つぎに国司長官が、部下・郡司から賀礼を受け、そして(3)参加者全員で、国家的

▼**祠社**　神社をまつること。

▼**貢挙**　優れた人材を役人の候補として推薦すること。

▼**倉廩**　倉庫。廩は米ぐら。

▼**器仗**　武器。

▼**鼓吹**　軍隊の指揮に用いる楽器。

▼**烽候**　外敵の来襲などを知らせるためののろしと、辺境の状勢に対する偵察。

▼**過所**　関所を通過するための通行証の文書。

▼**闌遺の雑物**　遺失物。

財源を用いた饗宴を行った(儀制令《ぎせいりょう》18元日国司条)。この儀礼は、地方豪族の国家に対する服属関係や官人意識を再確認する儀礼であった。こうした儀礼・年中行事を介した統治が、国司のつとめの実態であった。

国司と地方社会との関係をみるうえで参考になるのが、十二世紀前半に成立した『朝野群載《ちょうやぐんさい》』▲(巻二二)に載る「国務条事」である。この記事は、すでに受領《ずりょう》制▲の時代である平安時代末期の、新任国司が任国に赴任する際のマニュアルともいうべき内容である。そのなかの、赴任する国司と国府につとめる現地の官人たち(在庁官人《ざいちょうかんじん》・雑任《ぞうにん》ら)との関係についての条文をみよう。

「一、吉日時《きちじつじ》を択びて境に入る事」の条では、国司がはじめて任国へ赴任し、国境で現地の国府官人たちから出迎えを受ける儀礼のときに、現地官人たちはしばしば初対面の新任国司の賢愚《けんぐ》を推量するものだから無用なことはしゃべるな、とする。

「一、調備の供給《くごう》を停止する事」の条では、新任国司が着任すると三日間の歓迎の饗宴(供給)があるが、地元の大きな負担であるから、事前に手紙をやりとりして停止するなどしておくこと、ただし国ごとに慣例があるので、あまり負

▼**『朝野群載』**　十二世紀前半に三善為康《みよしのためやす》が編纂した漢詩文・文書集。とくに役人としての実務に関する模範文例を集めており、平安時代後期の国司に関する実態を示す史料として重要。

▼**受領制**　最上席の国司(守または介)を受領といい、九世紀後半には国司の権限を集中して、国府官人を指揮下におさめて国内行政を掌握するようになった。十世紀ころには、中央政府への貢進物納入と引替えに受領に国内行政・徴税が委任されるようになり、受領の財政力が国家財政を支えるようになっていった。

担でなければ慣例に従うこと、とする。

「一、著館《ちゃくかん》の日、所々の雑人等見参《けざん》を申す事」の条では、国司館《こくしのたち》に到着すると、国府に属する税所《さいしょ》▲・大帳所《だいちょう》▲・朝集所《ちょうしゅう》▲・健児所《こんでい》▲・国掌所《こくしょう》▲などの所々の官人らは名簿を進めて館の庭中（広場）に列立し、新任国司に一人ずつ挨拶する、とする。

時代のくだる史料であるが、こうした国司と在地社会との関係のなかに、中央集権的な国家体制を支えた儀礼的側面がうかがえると思う。

国司と儒教的徳治

律令制のもとでは、国司の地方統治に儒教的徳治《とくち》主義が期待された。そうした儒教的国司像の典型として、七一八（養老《ようろう》二）年四月に亡くなった筑後守《ちくごのかみ》の道《みち》君首名《きみおびとな》の伝記をみよう（『続日本紀《しょくにほんぎ》』同年四月乙亥条）。

道君首名は、若くして律令を学び、官僚としての職務に練達した。和銅年間（七〇八～七一五）の終りごろに筑後守兼肥後《ひご》守（福岡県・熊本県の国司）として赴任した彼は、地元の民衆に産業を勧め、規則までつくって生産の技法を指導し

▼**税所**　国府が公出挙で財政を運用して、国内統治の財源となる正税などの稲の管理・運用を担当する国府の部署。

▼**大帳所**　徴税のために、国内の民衆を把握する公文書である計帳（大計帳）の作成・管理などを担当する国府の部署。

▼**朝集所**　国司の目《さかん》以上が毎年、都に上京して国内官人の勤務評定の公文書などを提出し、報告を行う朝集使《ちょうしゅうし》の事務を担当する国府の部署。

▼**健児所**　七九二（延暦十一）年に軍団兵士制にかわって諸国におかれた健児は、郡司の子弟らが国府の警備などにあたったが、その健児の事務を担当する国府の部署。

▼**国掌所**　九世紀ころに諸国に二人おかれた、政務・儀式の威儀整備にあたる国掌についての事務を担当する国府の部署。

た。畦《あぜ》道に果実の実る木や野菜を植えさせ、鶏や豚の飼い方まで事細かな規則のとおりに行わせた。しかも、時々国内をめぐって指導どおりに行っていない民衆をしかった。そこで人びとはうるさい国司が来たものだといってひそかに怨《うら》みののしったが、秋になって収穫の季節がくると、みな喜んで首名に心服したというのである。一〜二年のあいだに、国中の人びとが彼のいうとおりに従うようになった。また灌漑《かんがい》用の池や溝をたくさんつくり、農業生産が発展して多くの民衆が潤うことになったが、それはすべて首名のお陰であった。そのため、官僚としての道を論ずる者は、誰もが道君首名をその手本として称賛することになった。そして首名が没すると、地元の民衆たちは彼を神としてまつった、というのである。

今も、筑後国府跡(福岡県久留米《くるめ》市)には、首名をまつる小さな祠《ほこら》が残っている。道君首名は、八世紀初めにすでに国司の理想像とされていた。中央から派遣された先進的な国司が、無知な地方の豪族や民衆を教化・指導して産業を勧め、生活を安定させて税収を増し、統治をまっとうすることが期待されたのであった。

七四五(天平《てんぴょう》十七)年に公廨稲《くがいとう》の制度▲が設けられると、公廨稲出挙《すいこ》▲の利稲《りとう》はしだいに国司の得分となり、国司の収入が豊かになった。このことは、国司のあり方をしだいに変化させた。七六六(天平神護《じんご》二)年に没した百済王敬福《くだらのこにきしけいふく》の伝記(『続日本紀』同年六月壬子条)では、聖武《しょうむ》天皇から気にいられて厚遇を受けた百済王敬福は、人がやって来て自分が清貧《せいひん》であるというとその望み以上に多くの物をあたえてしまい、その結果しばしば国司を歴任したのに、家に財産の余裕はなかったという。国司に任じられると役人のふところが豊かになるという状況が、八世紀後半には出現していたのである。一方で八世紀後半からは、正税《しょうぜい》の未納や調庸《ちょうよう》の麁悪《そあく》・違期《いき》・未進《みしん》▲などが進展して、地方支配がゆらいでいった。こうしたことが、国司のあり方に変化をもたらし、十世紀には受領に対して国務を委任する方向への道をたどっていった。

国司の部内巡行

国司の職掌のうち、在地社会との関係で注目されるのは、国内の郡家を巡回してまわる「部内巡行《ぶないじゅんこう》」である。その内容は、戸令《こりょう》33国守《こくしゅ》巡行条につぎのよう

▼**公廨稲の制度**　七四五(天平十七)年に制定された国家的な稲の制度。正税稲から分けて公廨稲をおき、その出挙運用の利息稲から正税の欠負・未納をまず補塡し、余りを国司の得分などにあてた。のちに公廨稲は国司の給与化した。

▼**出挙**　春・夏に種稲となる穎稲を貸しつけ、秋の収穫時に利息とともに元本を返納させる運用制度。国府の財源である正税を五割(のち三割)で貸しつける国家運営の公出挙と、民間の私出挙とがある。もとは共同体維持のための互助的性格をもったと思われるが、律令制のもとでは強制的な租税と化していた。

▼**調庸の麁悪・違期・未進**　都に貢進する諸国からの調庸税物の質の悪化、納期遅れと滞納。

に定められている。

およそ、国の守は、毎年一回は国内の諸郡を巡行して、土地の風俗を見、高齢者(百年)を見舞い、罪人たちの数を知り、曲がったことが行われないよう正し、詳しく政治や刑罰の善し悪しを見、百姓の憂い苦しむところを知り、厚く儒教の教えを諭し、農業を勧めて努力させせよ。領内にいるよく学問する者、道に篤い者、親孝行や兄弟思いの者、忠義・信の者、清廉な者、特別な技能をもつ者で郷土で名高い者がいれば、その人を役人の候補として推挙せよ。親不孝で兄弟に悪く礼儀を乱し、儒教に逆らい、法令に従わない者がいたら、罰して正せ。

郡のなかで、水田が開け、産業が盛んで、礼儀・儒教がいきわたり、禁令がよく行われていたら、郡司を能《のう》と評価せよ。郡の境界内にはいると人が貧窮で農業が荒れて犯罪が起こり訴訟が多くあれば、郡司の不能と評価せよ。もし郡司が、官僚として公平・清廉で、私事を後まわしにして、節操があり、名誉ばかり求めなければ、必ずしっかりと監察せよ。郡司がよこしまな心をもち、へつらい偽って名誉を求め、公平で節操があるという風聞がなく、私腹を肥やしていれば、またしっかりと監察せよ。こうした郡司の勤務評定の能・不能、行いの善・悪を、皆評定文書に記録して、そして昇進・降格を決めよ。……

また、戸令34国郡司条によれば、

およそ、国郡司が、所部に出向いて検校《けんぎょう》するときは、百姓の送迎を受けて産業を妨げたり、供給を受けてわずらわせてはいけない。

と、国郡司に対する在地社会からの必要以上の接待を禁じてもいる。

これらをみると、国司と在地社会との関係は、「支配」といっても「風俗」を見、高齢者を見舞い、民衆の苦しみをたずね、儒教を教え諭し、農業を奨励し……といった表面上の儀礼的・儒教的な関係が重視されていたことがわかる。

こうした部内巡行が実際に行われたようすは、正倉院《しょうそういん》に伝わる天平年間(七二九〜七四九)の諸国の財政帳簿文書である正税帳のなかに、巡行する国司たちに支給した食・酒の記事が載っていることによって知られる。たとえば、七三六(天平八)年度の薩摩国《さつまのくに》正税帳(『大日本古文書』二巻)をみると、国司の部内巡行が年に計九回行われており、正税▲出挙とその収納が三度、計帳手実《けいちょうしゅじつ》▲の回収が

▼**正税**　諸国の財源となる穎稲で、国府や郡家に属する正倉にたくわえられた。田租が、穀の形で中央の許可がなければ開封できない不動倉《ふどうそう》に蓄積されたのに対して、正税は穎稲で、出挙されて利稲が国府の経費にあてられた。

▼**計帳手実**　計帳は調・庸を徴収するため毎年作成した帳簿で、民衆の戸口の名、年齢、性別、課不課の別や身体的特徴などを記載した。手実は、計帳作成のために戸主に提出させた戸口らを記載した作成原票の文書。

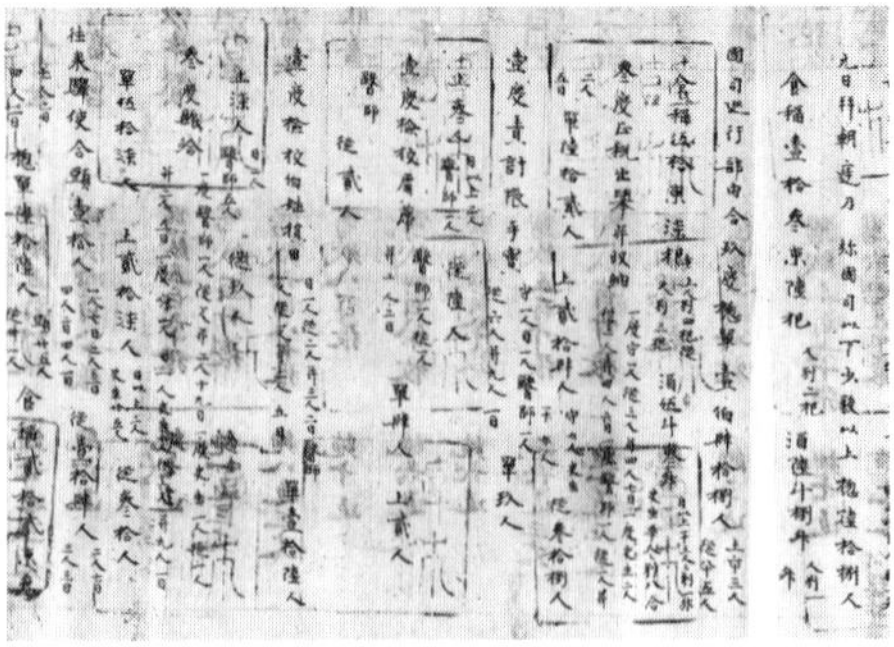

●—薩摩国正税帳(正倉院文書)

▼賑給　高齢者、家族のいない老人、父のいない子、病人や被災者などの社会的弱者に対して、稲穀・布・塩などを天皇の恩恵としてあたえること。

一度、庸の徴収検査が一度、百姓損田《そんでん》の検査が一度、賑給《しんごう》▲が三度であった。また七三七(天平九)年度の豊後《ぶんご》国正税帳(『大日本古文書』二巻)でも、同国球珠《くす》郡への国司の部内巡行は年に計一四回で、正税出挙とその収納が三度、貧病人・高年者への賑給が三度、大宰府《だざいふ》からの使者に随従した貧病人への賑給が一度で、その他紫草《むらさきぐさ》園での種蒔き・検査・紫草根掘り出し、計帳手実の回収、庸の徴収、水田熟不《じゅくふ》の検査、「百姓消息」尋問などが各一度であった。

部内巡行の日程をみると、正税の出挙・収納では一国で五〜七日、一郡で五〜六日であり、賑給の場合一国で一日、一郡で二日のみであるなど、国司が諸郡に滞在するのはごく短期間であった。その間に実質的な業務ができるかは疑問であり、実際には郡司が執り行う実務に対して国司は儀礼的・形式的に国家的権威を付与するにとどまったと考えられる。民衆にとっては、郡家において、都《みやこ》から赴任してきた貴族である国司の姿と、郡司が国司に頭をさげる姿をみることによって、国家の権威を実感する数少ない機会であったといえよう。部内巡行は、国司が郡司の勤務評定を行う機会でもあった。そして、郡司は地域において国司と出会った際に、国司より高い位階《いかい》をもつ場合でも、原則として下馬の礼▲をとらなくてはならなかった。

『日本霊異記《にほんりょういき》』▲の説話（下巻第三三）には、七八五（延暦《えんりゃく》四）年五月に紀伊《きい》国司が部内巡行して国内の日高《ひだか》郡で正税出挙の稲の班給《はんきゅう》を行ったときの話がある。秋に利息とともに返納するときは別として、春・夏の出挙における穎稲《えいとう》▲の貸与は、民衆には恩恵でもあった。稲を収納・保管する国家的倉庫（正倉）が建ちならんだ郡家の正倉院▲における公出挙《くすいこ》の儀礼にあたっては、国司が巡行して、国家が民衆に恩恵をあたえる場に立ちあったのであった。

貧病人・高齢者に対する救済制度である賑給の場合は、「恩勅に依り穀を賑給せる国司」（七三八〈天平十〉年度周防《すおう》国正税帳）と記すように、天皇・国家の恩恵による社会的救済政策として民衆に国家の公共性を意識させる機会でもあり、やはり国司の直接関与が必要であった。国家の公共性を強調する儀礼的な面では、戸令33国守巡行条にみられるように、部内巡行の目的としては、「風俗を見、あわせて百姓の消息を問うために巡行した官人」「百姓の産業を領催するため巡行した官人」（七三七〈天平九〉年度但馬《たじま》国正税帳）、「（神社に）幣帛《へいはく》をたてまつる国司」（七三八〈天平十〉年度駿河《するが》国正税帳）、「産業を検催した国司」「（百姓の）消息を

▼**国司の部内巡行**　ここであげた以外にも、年に一一度（七三七〈天平九〉年度但馬国正税帳）・一三度（七三八〈同十〉年度周防国正税帳）などと、実際に国司が部内巡行したことが知られる。

▼**下馬の札**　乗馬からわざわざおりて相手に敬礼すること。儀制令11遇本国司《ぐうほんこくし》条に、国司と出会った郡司は下馬することとされている。ただし郡司が五位以上をおびる場合は別であった。

▼**『日本霊異記』**　『日本国現報善悪霊異記《にほんこくげんぽうぜんあくりょういき》』。薬師寺《やくしじ》僧景戒《けいかい》の撰で、八二二（弘仁《こうにん》十三）年成立。民衆に仏教への帰依をすすめるために因果応報《いんがおうほう》の説話を集成した古代の仏教説話集。

▼**穎稲**　穂首刈りで収穫した稲穂の束。

▼**正倉院**　区画施設に囲まれて国家的倉庫が列立する倉庫群。

推問した国司」（七三八〈天平十〉年度周防国正税帳）といった事例がある。

もともと国司・郡司による民衆支配のあり方は、武力を保持してはいたものの、平時にむきだしの武力を用いて強圧的支配を行うわけではなく、祭祀・勧農や民衆教化といった儒教的徳治主義や国家の公共性を強調した行政的・制度的・儀礼的な統治がめざされたのであった。山上憶良《やまのうえのおくら》▲が困窮する民衆への共感をこめて中国文学の影響下によんだ「貧窮問答歌《ひんきゅうもんどうか》▲」においても、ムチを手にして竪穴《たてあな》住居の玄関まで税の催促に来たという里長に対して、行政的・制度的な徴税を「仕方ない」と受容してあきらめなげくしかない貧しい民衆像が描かれているのである。

越中守大伴家持と在地社会

大伴家持《おおとものやかもち》▲は、七四六（天平十八）年七月から七五一（天平勝宝《しょうほう》三）年八月まで、越中《えっちゅう》守として越中国府（富山県高岡市《たかおか》）に赴任した。この間に国司館《こくしのたち》などでよんだ和歌《わか》が数多く『万葉集《まんようしゅう》』に載っており、その題詞《だいし》・左注《さちゅう》から国司としての大伴家持の行動がうかがえる。そこでは、国司館における宴会（饗宴）で部下の国司

▼**山上憶良**　六六〇～七三三年?。万葉歌人。七〇二（大宝二）年遣唐使の一員として唐に渡り、帰国後伯耆守《ほうきのかみ》となる。七二一（養老五）年には、選ばれて皇太子時代の聖武天皇に侍する。七二六（神亀《じんき》三）年に筑前守として赴任し、大宰帥《だざいのそち》の大伴旅人《たびと》のもとでいわゆる筑紫歌壇を支えた。子を思う歌や貧窮問答歌など、人生・社会をよんだ和歌を残す。

▼**「貧窮問答歌」**　『万葉集』巻五、八九二番の長歌。山上憶良が貧しい民衆の生活のようすを問答の形でよんだ歌で、過酷な税の徴収をする里長の姿が描かれる。中国の漢詩を翻案した面も指摘されるが、貧者への共感を基調としている。

▼大伴家持　七一八?～七八五年。大伴氏の氏上《うじのかみ》であった大伴旅人の子。七四六（天平十八）年から越中守《えっちゅうのかみ》となり、国司たちと多くの和歌をよんだ。帰京後大伴氏の勢力維持につとめるなか、政治的事件に坐して左遷・解官されることもあったが、中納言《ちゅうなごん》にまでのぼる。ただし七八五（天応《てんおう》五）年の没後すぐ藤原種継《ふじわらのたねつぐ》暗殺事件に坐して除名された。『万葉集』の編纂に関与したとみられる。

たちとしばしば和歌をよみあっており、「越中歌壇」とも称されている。宴会の場は、家持自身の守の館や介《すけ》・掾《じょう》・大目《だいさかん》・少目《しょうさかん》たちの国司館であり、上京する同僚の歓送会などさまざまな機会に宴会を開き和歌をよみかわしている。それは、「詩酒の宴を設け、弾絲《だんし》飲楽す」（三九六〇・六一番）とあるように、和歌をよむだけではなく音楽や酒食をともなう文化的な場であった。こうした宴会は、官人意識や支配・服属関係を再確認する儀礼でもあり、国司の任務として位置づけられていたことは、すでに述べたとおりである。

国司館での宴会には、七四八（天平二十）年に知人の僧侶が都に向かうときに家持の館で開いた歓送会のときに、「右、郡司已下子弟已上の諸人、多く此《こ》の会に集う」（四〇七一番）と記すように、国司だけでなく地方豪族の郡司やその子弟たちも列席することがあった。こうした国司館での宴会は、「国庁に饗を諸郡司等に給う宴」（四一三六番）、「国厨《くにのくりや》の饌《せん》を介内蔵伊美吉縄麿《くらのいみきただまろ》の館に設け、餞《はなむけ》す」（四二五〇番）などと記されるように、国府厨が国家的財源を用いて設ける宴会であった。

大伴家持は、七四八年に「春の出挙に依りて諸郡を巡行し、当時当所属目《しょくもく》して作れり」として、北国の清冽な春を和歌によんでいる(四〇二一〜二九番)。国守として出挙の部内巡行で訪れた諸郡は、砺波《となみ》郡・婦負《ねい》郡・新川《にいかわ》郡・気太《けた》神宮・能登《のと》郡(香島津《かしまづ》より船出して熊木《くまき》村へ)・鳳至《ふげし》郡・珠洲《すず》郡という順で、国司と在地社会との交流の実像がうかがえる。ほかにも、七五〇(天平勝宝二)年に「墾《こん》田地《でんち》を検察する事に縁りて、砺波郡の主帳▲多治比部北里《たじひべのきたさと》の家に宿る」(四一三八番)とか「季春三月九日、出挙の政せむとして旧江《ふるえ》村に行く」(四一五九番)など、部内巡行の際に在地の豪族との交流のなかでよんだ和歌もみられる。

　七四九(天平感宝《かんぽう》元)年には、閏五月六日から日照りとなり水田が荒廃しかけたところ、六月朔日にようやく雨雲の気配が生じたので、家持はすぐに「雲の歌一首」(四一二二・二三番)をつくっている。国司が天候を気にするのは勧農のためであり、儒教的徳治主義の考えによる。全国規模では、日照りのときに降雨を願い、長雨のときに晴天を願う祈雨《きう》・止雨《しう》の儀礼・祭祀が天皇によって中央で行われるが、諸国においては国司がその任務を担った。のちに、讃岐《さぬき》守であったときの菅原道真《すがわらのみちざね》▲も、国司として降雨を神に祈る漢文の祭文《さいもん》▲(「城山神《きやまのかみ》を祭る文」)を作成している(『朝野群載』巻二二)。

▼**主帳**　郡司の四等官《しとうかん》。

▼**菅原道真**　八四五〜九〇三年。平安前期の学者・政治家。文章《もんじょう》博士《はかせ》となり讃岐守などを経、八九四(寛平《かんぴょう》六)年には遣唐使の中止を奏言した。宇多天皇に登用されて八九九(昌泰《しょうたい》二)年右大臣となるが、藤原時平《ときひら》によって九〇一(延喜《えんぎ》元)年大宰府《だざいふ》に左遷され、そこで没した。のち怨霊《おんりょう》としてまつられ天神《てんじん》とされる。優れた漢詩文を残す。

▼**祭文**　祭祀のときに神にささげる言葉を作文した文章。

こうして、越中に赴任したときは「天離《あまざか》る　鄙《ひな》治めにと　大君《おおきみ》の　任《まけ》のまにまに　出でて来し……」（三九五七番）、「大君の　任のまにまに　大夫《ますらお》の　心振り起し　あしびきの　山坂越えて　天離る　鄙に下り来……」（三九六二番）と都を遠く離れる心細さをよんだ家持であったが、足かけ六年の在任をへてふたたび都に戻るときには、部下の国司たちが開いた送別の宴で「しな離《ざか》る　越《こし》に五箇年　住み住みて　立ち別れまく　惜《お》しき宵《よい》かも」（四二五〇番）と別れを惜しんだのであった。

地方官衙の多様な機能

地方官衙は、地方支配のための行政組織として多様な機能を果たした。地方官衙遺跡も、それぞれの機能を果たす施設の集合体として理解することができる。その諸機能は、以下のように整理できよう。

⑴公的機能。国家がもつ「公共性」を象徴する機能。古代の政務・行政は儀礼の形をとって執行された。政務・儀式・宴会からなる儀礼を行う場として、地方官衙は役割を果たした。国府の国庁（政庁）の正殿や「庭」（広場）が儀礼におい

て果たした役割としては、後述する儀制令▲18元日国司条の儀礼が指摘できる。元日に行うこの儀礼は、まず第一に、国司の長官が僚属・郡司を従えて国庁の正殿に向かって天皇に対する朝拝を行い、第二に、今度は国司長官が、僚属・郡司から賀礼を受ける。そして第三に、参加者全員で、国家的財源による宴会を行うのである。この儀礼は、地方豪族の服属関係や官人意識を再確認する重要な儀礼であり、それが国庁を場として行われた。

新潟県長岡《ながおか》市の八幡林《はちまんばやし》官衙遺跡から出土した木簡のなかの郡符《ぐんぷ》木簡（後述）からは、越後《えちご》国府に「告朔司《こうさくのつかさ》」がおかれ、「告朔▲」の儀礼が行われていたことが知られ、国府がその儀礼の場となっていた。

また、儀礼にともなって宴会（饗宴）もしばしば行われており、こうした儀礼や饗宴の場として地方官衙が果たす公的機能として、政庁の正殿やその前に位置する「広場」（庭）が果たした役割は注目される。

(2)財政機能。徴税を行い、その税物を収蔵・保管し、また調庸などを都に貢進する機能。律令国家による租税収取は、調庸物は宮都まで貢進しなくてはならない制度であり、その運搬も民衆の負担（運脚《うんきゃく》）であった。一方で田租《でんそ》や、公

▼**儀制令**　大宝・養老令の篇目の一つ。天皇儀礼関係など、朝儀・礼制についての諸規定を載せる。

▼**告朔**　月の初めの朔《ついたち》に前月の行政報告を行う儀礼。

▼**国府付属寺院**　讃岐国府（香川県坂出《さかいで》市）における「開法寺」の例などが知られている。讃岐国司時代の菅原道真の漢詩によって存在が知られ、発掘調査によって国府域の一郭における伽藍《がらん》規模が知られている。

出挙で運用する正税の元本・利息の穎稲は、地方の国府や郡家におかれた正倉院の正倉倉庫に収納・保管された。公出挙の儀礼は正倉院で行われたであろう。また、都に調庸物などを運ぶ際には、国司の一員が貢調使《こうちょうし》などとなって隊列を率いて都に向かったが、そうした貢調使などの進発の際も、国府や正倉院において儀礼が行われたであろう。

(3)宗教・祭祀機能。地方官衙は、宗教・祭祀上の機能をも担った。仏教面では、国府近くに営まれた国家仏教を体現する国分寺《こくぶんじ》・国分尼寺《こくぶんにじ》や、郡家の近傍に「郡寺《ぐんじ》」とも称される古代寺院が存在することが指摘できる。国府では、国府のなかに仏舎が営まれ僧侶が礼拝供養にあたることもあったし、国府に付随して、「国府付属寺院▲」が国分寺建立以前から、存在することがあった。

神祇・祭祀面では、地方官衙にともなって律令制的祭祀が導入され、国府近傍の水場などにおいて人形《ひとがた》▲・斎串《ゆぐし》▲・土馬《どば》▲・人面墨書土器《じんめんぼくしょどき》▲などの祭祀遺物が大量に出土する祭祀遺跡がみつかることがある。但馬国府跡に近い祢布ケ森《にょうがもり》遺跡や袴座《はかざ》遺跡(兵庫県豊岡《とよおか》市)は、その顕著な例である。また、郡家近傍の祭祀遺跡としては、信濃《しなの》国埴科《はにしな》郡家推定地に近い屋代《やしろ》遺跡群(長野県千曲《ちくま》市)で、湧水

▼**人形**　古代に禊ぎや祓えなどで用いた、人の形をした形代《かたしろ》。木製のものが多い。息を吹きかけたり身体をなでて水に流し、穢れや災いを除いた。

▼**斎串**　いぐしとも。神に祈る際にささげる供物で、古代の律令祭祀で用いるものは、下端をとがらせた木製の札状の形をとる。

▼**土馬**　土製の手づくねで馬の形に成形した、悪疫などを祓うために用いた形代。

▼**人面墨書土器**　表面に墨で人面を描いた瓶などの土器。鬼神や悪疫神の顔を表現したものという。息を土器に封じ込めて水に流し、災厄を祓ったと考えられる。

地から多数の木製祭祀遺物や木簡が出土している。美濃《みの》国武義《むぎ》郡家（弥勒寺《みろくじ》東《ひがし》遺跡、岐阜県関《せき》市）西側の弥勒寺西遺跡でも、木製祭祀具や墨書土器をともなう水辺の祭祀遺跡がみつかっている。さらに、武蔵《むさし》国幡羅《はら》郡家の幡羅遺跡（埼玉県深谷《ふかや》市）でも、湧水地から石製模造品が出土した西別府《にしべっぷ》祭祀遺跡（埼玉県熊谷《くまがや》市）や西別府廃寺《はいじ》跡（同）が一体として知られている。

　国司によって国内の在地の神々への神拝や奉幣《ほうべい》が行われることも、国司による国内神拝▲、国司奉幣として知られる。『釈日本紀《しゃくにほんぎ》』▲十には、「淡路国例式に曰く、正月元日、国内諸神に朔幣を奉る事。毎月朔日、此に准ず。」と国司奉幣が記されている。

　また、『常陸国風土記』行方《なめかた》郡条には、行方郡家についてのつぎの記事がある。

　郡家の南門に、一つの大きな槻《つきのき》がある。その北の枝は、おのずから垂れて地面にふれ、また空中に向かいそびえている。その地には、昔、水の沢があった。今も長雨があると、庁《まつりごとどの》の広場（庭）に水がたまる。

　行方郡家の立地は、沢地形の低地をわざわざ造成して、南門の場所に神聖な槻の大樹が位置するように設計されたのである。槻樹▲は神聖な木であり、そうし

▼**国司神拝**　院政《いんせい》期に因幡守《いなばのかみ》であった平時範《たいらのときのり》が、あわただしく因幡国内の諸神社を神拝してまわったようすが、彼の日記『時範記《じはんき》』に記されている。

▼**『釈日本紀』**　卜部《うらべ》兼方《かねかた》が鎌倉時代中期に編んだ『日本書紀』の注釈書。注釈に多く古文献を引用しており、貴重。

▼**槻樹**　『日本書紀』（皇極《こうぎょく》三〈六四四〉年正月朔条など）にしばしば登場する飛鳥寺《あすかでら》の西にある大きな槻樹が、神聖な木──斎槻として名高い。

▼**神火**　八世紀後半から九世紀にかけて東国などでよく起きた正倉の火災。中央政府ははじめ神の祟りとみたが、のちに放火として処罰するにいたる。郡司の地位をめぐる争いや官物の虚納を隠すための放火として、やがて国司・郡司たちに賠償させるようになった。

た在地の祭祀空間を取り込む形で郡家の配置が決定されたのであった。

　郡家そのものと神祇・祭祀との関係については、武蔵国入間《いるま》郡の正倉が神《じん》火《か》▲によって焼失した事件について、七七二(宝亀《ほうき》三)年十二月十九日太政官符《だじょうかんぷ》に、「郡家の西北の角にある神□□出雲伊波比《いずもいわい》神が祟《たた》って、……郡家の内外に有る雷神たちを引率して、この火災を発し……」と記されているように、郡家施設に土地の神々が存在することもあった。

(4)文書行政機能。文書行政に果たした機能である。律令国家は中央集権のシステムを動かすために唐にならって文書主義を特徴とし、文書によって、中央からの命令を地方へ伝達し、地方から中央への情報集約を行った。

　律令国家の中央・地方の官僚制の運用は、以前からの使者による口頭連絡ではなく、文書によって連絡がはかられた。文書は、古代官僚制において血液のような役割を果たしたのであった。戸籍・計帳のような民衆把握のために地方で作成された公文書のほか、正倉院文書の写経所《しゃきょうじょ》文書中の膨大な帳簿群や、宮都や地方官衙遺跡から出土した大量の木簡・漆紙《うるしがみ》文書などをみれば、中央・地方の役所において文書行政が果たした役割の大きさを容易に理解できる。

●──大宰府政庁復元図（九州歴史資料館『大宰府復元』による）

したがって、地方官衙遺跡からは木簡・漆紙文書・墨書土器・文字瓦《もじがわら》などの出土文字資料が多く出土している。とくに、大宰府跡（福岡県太宰府《だざいふ》市）では政庁の正殿の背後に位置する後殿《こうでん》地区の東北部から、下野《しもつけ》国庁跡（栃木県栃木市）では政庁の西脇殿のすぐ近くから、大量の木簡の削屑《けずりくず》が出土しており、木簡の表面を小刀で削って書き改める書記業務が盛んに行われていたことが知られた。これらは、大宰府や国府の政庁地区が、文書行政の場として、書生《しょしょう》など書記役の下級官人たちの実務的文書業務の場であったことを示している。

地方官衙に属した下級官人たちは、官人としての文筆能力をみがくために日常の勤務の合間にさまざまな習書《しゅうしょ》を行っており、地方官衙遺跡からは、そうした習書を記した木簡・漆紙文書・墨書土器などがしばしば出土している。たとえば、古代出羽《でわ》国の城柵《じょうさく》遺跡である秋田城跡（秋田県秋田市）からは、『文選《もんぜん》』中の名文の秀句をていねいに習書した八世紀半ばころの習書木簡が出土しており、手本となる『文選』の紙本《しほん》の巻子本《かんすぼん》が前提として存在していたと考えられる。また、陸奥《むつ》国側の城柵である胆沢城《いさわじょう》跡（岩手県奥州《おうしゅう》市）からも、同じく『文選』の書名・巻名を習書した漆紙文書が出土しており、東北の城柵遺跡が、単に軍事的性格のみを担ったのではなく、文書行政を行う行政官庁の性格をもったことを明らかにしている。

　また、郡家遺跡からも郡符木簡▲や封緘《ふうかん》木簡▲が出土してきたことによって、郡家とその周辺において文書行政が展開し、郡家を拠点に漢字文化が地方社会に広がっていったことが認められる。八幡林官衙遺跡では、隣郡である越後国蒲《かん》原《ばら》郡司が発行した郡符木簡や、同じ古志《こし》郡内に住む郡司よりも下位のクラスの人びとから大領《だいりょう》▲あてに進められた紙の文書を封ずるための封緘木簡が出土している。すなわち、郡家には郡符木簡を記載・発行したり封緘木簡を受け取った官人たちが存在し、その周辺には郡司あてに紙の文書を差しだした郡司以下のクラスの人びとが存在したことが知られるのである。郡司が命令を郡内に下《か》達《たつ》するときに、口頭ではなく文書木簡を利用するところに、律令制の文書主義が地方社会に浸透した姿をみることができよう。地方官衙は、こうした文書行政の場でもあった。

　(5)給食機能。律令国家では、中央・地方の諸官司において、官人たちに対する朝夕の給食が日常行われていた。給食は、官人とくに下級官人たちを直接の

●—胆沢城全体図（古代城柵官衙遺跡検討会『第28回古代城柵官衙遺跡検討会資料集』を一部改変）

▼郡符木簡・封緘木簡　八五〜八八ページ参照。

▼大領　郡司の長官の官名。郡司の四等官は、長官—大領、次官—少領《しょうりょう》、判官《はんがん》—主政《しゅせい》、主典《さかん》—主《しゅ》帳《ちょう》からなる。

●——「国厨」の墨書土器（下野国府跡出土）

農耕労働から切り離して官僚業務に専念させるために必要な制度であった。宮都では、そのための給食センターとして、食膳供進を担当する大膳職《だいぜんしき》の官庁が存在した。百官への食事を調進する大膳職には、調理スタッフとして膳部《かしわでべ》一六〇人が属する一方、個々の諸官司にも厨がおかれて食膳提供にあたった。平《へい》城宮《じょうきゅう》跡からは、毎日の「常食」「朝夕料」として米飯を請求する請飯《せいはん》文書木簡が数多く出土している。また、平城宮内から出土する膨大な量の土器のほとんどは、杯《つき》・皿《さら》・椀《わん》などの規格化された食器の土師器《はじき》・須恵器《すえき》であって、宮内において画一的な供膳が行われたことを示している。国家的な給食制度は、官人にとって恩恵でもあり、また共食によって官人意識を再生産する儀礼でもあった。

　地方官司においても、同様に毎日の給食が行われており、その給食センターとして国府には国厨（国府厨）、郡家には郡厨が存在した。「国厨」と書かれた墨書土器は、下野国府跡（栃木県栃木市）・相模《さがみ》国府跡（神奈川県平塚《ひらつか》市）・上野《こうずけ》国府跡（群馬県前橋《まえばし》市）・三河国府跡（愛知県豊川《とよかわ》市）など各地の国府遺跡から出土している。また駿河国志太《しだ》郡家である御子ケ谷《みこがや》遺跡（静岡県藤枝《ふじえだ》市）では、「志大領」「大領」「志大」「志太少領」「志太」「郡」「志太厨」「志厨」などと墨書された須恵器の

▼曹司　役所の庁舎。

食器が二六四点も出土している。「厨」の墨書は、規格性をもった杯・皿・椀などの須恵器・土師器が、厨に所属する食器であることを示す役割を果たした。

(6)手工業生産機能。地方官衙を維持・経営するためには、さまざまな手工業生産を編成・把握する必要があった。地方官衙遺跡には、多様な生産工房の遺跡が付随している。また、調庸などの宮都への貢進物のうち、綾《あや》などの高級織維製品や特殊な物品の生産・加工は、国府付属の工房で行われたと推定される。

国府に付属した官営工房の様相は、常陸国の国府工房遺跡である鹿の子《かこ》C遺跡(茨城県石岡《いしおか》市)にみられる。常陸国庁推定地から約一・五キロ北方に離れた地で、掘立柱《ほったてばしら》建物群(曹司《そうし》▲)・連房式竪穴《れんぼうしきたてあな》遺構群(鍛冶《かじ》工房)・竪穴式住居(工人住居)などの遺構から構成され、鎧《よろい》用の鉄小札《こざね》・鉄鏃《てつぞく》・刀子《とうす》・釘《くぎ》・鎌などの遺物が出土したことから、鉄製武具を生産したことが知られている。また、常陸国庁で廃棄された反故《ほご》の公文書を漆容器の蓋紙《ふたがみ》として再利用した漆紙文書が出土しており、その記載から、工房が機能した年代もわかっている。それによれば、八世紀後半の延暦年間(七八二〜八〇六)ころに、東北における対蝦夷《えみし》戦争の展開に応じて、東国諸国に課せられた大量の武器生産が国府工房である鹿の子C

遺跡で行われたのであった。下野国府跡から出土した木簡にも、やはり延暦年間の東国諸国における武器生産と関連する記載が知られている。また、陸奥国府である多賀城《たがじょう》跡にともなって営まれた鉄生産の工房である柏木《かしわぎ》遺跡(宮城県多賀城市)も、国府付属の工房といえる。

郡家付属工房としては、常陸国新治《にいばり》郡家跡(茨城県筑西《ちくせい》市)に関連して、郡家のすぐそばに営まれた新治廃寺《はいじ》のための瓦を焼いた上野原《うえのはら》瓦窯跡や、北方に離れて「大領」とヘラで記した須恵器が出土した土器生産の堀之内《ほりのうち》窯跡などが指摘できる。

⑺交通機能。地方官司は、交通の結節点として、陸上交通や水上交通の交通体系上における機能を果たしていた。陸上交通では、七道《しちどう》の直線的に走る官道=駅路《えきろ》が、国府と国府のあいだをたがいに結んでいた。たとえば、出雲《いずも》国府(島根県松江市)の国庁のすぐ北には、東西方向の山陰道と南北方向に隠岐《おき》に向かう隠岐路とが交差する「十字街」が存在したことが、『出雲国風土記』に記されている。

海や河川を利用する水上交通も、大量の物資輸送に適しており、古代には広く利用されていた。国府には、水上交通の港としての国府津《こうづ》が付随することがあった。周防国府（山口県防府《ほうふ》市）では、陸上交通の山陽道が東西に横切って走る一方で、瀬戸内海に面して「船所《ふなどころ》」の地名や浜《はま》の宮《みや》の神社が残る国府津の存在が推定される。内陸にある伯耆《ほうき》国府（鳥取県倉吉《くらよし》市）近くの国府川沿いに位置する不入岡《ふにおか》遺跡は、日本海に向かう河川交通上の物資輸送の集積に関係する国府津的な性格を指摘することもできる。

郡家の場合も同様で、陸上交通では、七道の駅路や、駅路とは別に網の目状に国内の郡家間を結ぶ「伝路《でんろ》」が郡家を結んでいた。陸上交通路に面して営まれた郡家・地方官衙遺跡には、東山道に面した下野国河内《かわち》郡の上神主《かみこうぬし》・茂原《もばら》官衙遺跡（栃木県宇都宮市・河内郡上三川《かみのかわ》町）など多くが知られる。水上交通では、陸奥国磐城《いわき》郡家（根岸《ねぎし》遺跡、福島県いわき市）において、郡司から部下の津長《つちょう》あてに水手《かこ》（漕ぎ手）の招集を命じた郡符木簡によって、夏井川《なついがわ》河口部に郡家の津（立野《たてのの》津《つ》）が推定されており、河川水運・太平洋海運との結びつきが知られる。

②—国府の機能と在地社会

国府の構造

国府《こくふ》は、中央から派遣される地方官である国司《こくし》が、地方の在地豪族《ごうぞく》や民衆を支配する際の統治拠点であり、古代国家と地方社会の接点であった。国府は国内における政治・経済・文化の中心として、古代の地方都市としての容貌をもった。

国府の構造は、政務・儀式・饗宴《きょうえん》などの場となる国庁《こくちょう》(政庁)を中心として、国府に所属する諸官司の行政の場である曹司《そうし》▲群、国司たちの居住空間である国《こく》司館《しのたち》(守《かみ》館・介《すけ》館・掾《じょう》館・目《さかん》館)、国家的な倉庫群がならび立つ正倉院《しょうそういん》、国府所属官人《かんじん》の給食を担当する厨《くりや》(国厨・国府厨)、そして陸上交通の駅家《うまや》や水上交通の国府津《こうづ》、さらにその他の雑舎などによって構成された。また国府の近くには、八世紀半ば以降国分寺《こくぶんじ》・国分尼寺《こくぶんにじ》の壮大な伽藍《がらん》が造営されたほか、国府交易圏の中核となる市場も位置した。国府近傍には、国府の維持に必要な生産遺跡(製鉄・造瓦・土器生産・繊維生産・漆《うるし》生産・製塩など)をともない、国府に所属す

▼**曹司**　役所の庁舎。国府では、所などと呼ばれるさまざまな部署の実務官衙が、国庁の周辺に庁舎「官舎」を展開した。

▼**烽**　昼はのろし、夜は火を利用した、緊急のための情報伝達手段。四〇里ごとに烽をおき、外的侵入などの急を都まで告げるため、つぎの烽へと順々に情報を伝えた。

る官人その他の居住区ともなる「都市域」の街区が方格地割《ほうかくちわり》のなかに展開することがある。軍団・烽《とぶひ》▲・城郭や、国府の官人たちの律令《りつりょう》的祭祀《さいし》の場なども存在し、のちには神社として総社《そうじゃ》▲・印鑰社《いんやく》▲・一宮《いちのみや》▲なども営まれた。国府は、隣接する国府とつながる七道《しちどう》の駅路《えきろ》や、国府と郡家《ぐうけ》などを結ぶ地方的交通網（伝路《でんろ》）の結節点に位置し、これらの直線的に走る官道の集中する地でもあった。のちに国府を舞台に国内諸社を結ぶ祭りが「国府祭《こうのまち》」（神奈川県大磯《おおいそ》町六所《ろくしょ》神社の相模国《さがみのくに》国府祭など）として伝えられている例もある。

国庁

国庁は、陸奥《むつ》（宮城県多賀城《たがじょう》市）・下野《しもつけ》（栃木県栃木市）・美濃《みの》（岐阜県不破《ふわ》郡垂井《たるい》町）・三河《みかわ》（愛知県豊川《とよかわ》市）・伊勢《いせ》（三重県鈴鹿《すずか》市）・伊賀《いが》（三重県伊賀市）・近江《おうみ》（滋賀県大津《おおつ》市）・伯耆《ほうき》（鳥取県倉吉《くらよし》市）・出雲《いずも》（島根県松江市）・筑後《ちくご》（福岡県久留米《くるめ》市）・肥前《ひぜん》（佐賀県佐賀市）などの諸国府の発掘調査事例が示すように、共通する画一的な構造をもっている。この国庁の建物配置の原型については、山中敏史《やまなかとしじ》の中央の朝堂院《ちょうどういん》▲説と、阿部義平の内国太政官《だじょうかん》型・東北城柵《じょうさく》多賀城型・西海道《さいかいどう》大宰府《だざいふ》

▼**総社**　惣社とも。国内の諸社の祭神を一カ所に勧請《かんじょう》してまつった神社。平安時代後期に、国司の神拝《じんぱい》・奉幣《ほうべい》の便宜のために諸神を集めてまつったものといわれる。国府の近くに位置し、在庁官人たちの精神的よりどころとなった。

▼**印鑰社**　印鑰社・印役社などとも。国司の支配権の象徴である国印と鑰《かぎ》をまつるようになった神社で、平安時代後期以降、国府近くに営まれた。

▼**一宮**　平安時代中期以降に国ごとにおかれるようになった神社の社格で、国内第一の社が一宮。二宮・三宮もある。国府近くに一宮がおかれる例が多い。

▼**朝堂院**　宮城《きゅうじょう》における政務・儀式の中心的場であり、大極殿を正殿として、その南の朝廷の東西に朝堂の建物群がならんでいる。

型の三類型に分ける平城宮《へいじょうきゅう》太政官▲（内裏《だいり》東方の塼積基壇《せんづみきだん》建物群の下層官衙）説とがあるが、国庁構成の画一的な共通性に注目するべきであろう。方位を南北・東西にそろえた方一〇〇メートルほどの一定規模の方形区画のなかに、東西棟の正殿《せいでん》（前殿《ぜんでん》や後殿《こうでん》を南北にともなうことがある）とその南側の東・西に南北棟の脇殿《わきでん》（東脇殿・西脇殿）が配置され、左右対称に「南に開く『コ』の字配置」をとり、正殿と区画施設の南門とのあいだに「広場」（庭）があるのである。八世紀後半から九世紀にかけて中心建物群は礎石建物化し、九世紀に前殿が消滅して広場が拡大するという変遷があり、全体として、出土遺物の年代から国庁の機能は八世紀に始まり十世紀ごろに終るとされる。

国庁は儀礼の場であり、その性格をよく示しているのは、儀制令《ぎせいりょう》18元日《がんじつ》国司条に定められた、国庁で行われる元日の儀礼である。

元日に、まず(1)国司が部下の国司や郡司《ぐんじ》たちを従え、「庁」（マツリゴトドノ、国庁正殿）に向かい天皇に対する朝拝《ちょうはい》の儀式を行う。ついで(2)天皇から遣わされた国司長官みずからが部下・郡司たちから賀礼を受ける。その後、(3)長官・国司僚属・郡司たちの参加者全員で、国家的な財源による饗宴（宴会）を行うの

▼**平城宮太政官**　平城宮跡の内裏の東側に位置する、塼積基壇をもつ有力建物を中心とした官庁の奈良時代前期の下層官庁建物群で、太政官と推定されている。

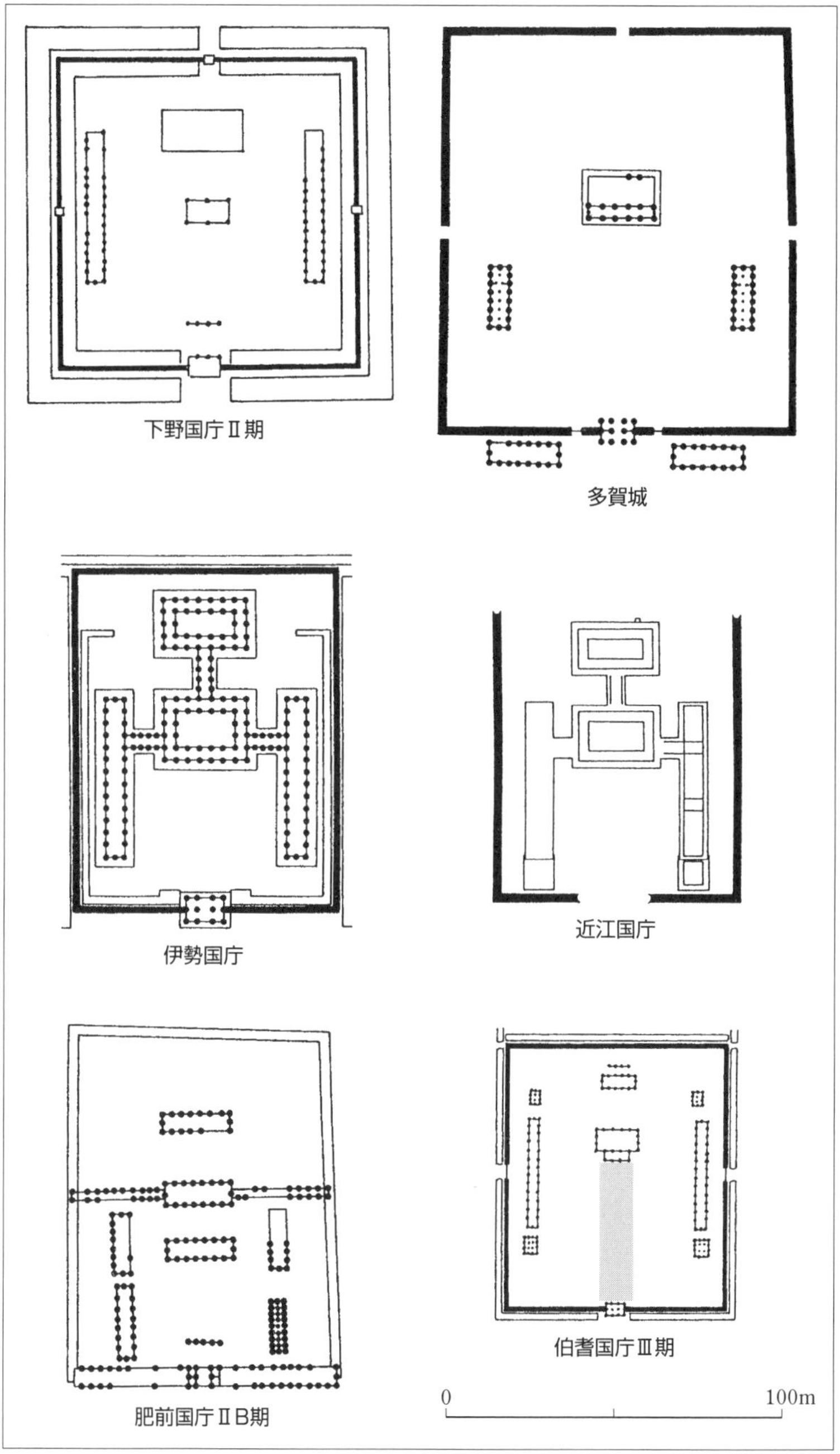

●—国庁のプラン(奈良文化財研究所『古代の官衙遺跡Ⅱ』による)

である。

この儀礼は、地方豪族の国家に対する服属関係を再確認し、さらに天皇に仕える役人としてともに民衆に対する支配者であるという官人意識を再確認する性格の儀礼であった。元日には都《みやこ》の平城宮で天皇に対して中央政府の百官人が拝礼を行っており、時を同じくして諸国の国庁でも拝礼を行うという律令国家をあげての重要な儀礼であった。国庁の正殿は、とくに天皇に相当する拝礼対象ともなることから、立派な建物でなくてはならなかった。

こうした儀礼には、饗宴(ともに食事をする宴会)も重要な構成要素となっており、古代には政務・儀式・饗宴が儀礼として一体のものであった。七三六(天平八)年の薩摩国正税帳《さつまのくにしょうぜいちょう》には「元日、朝庭を拝《おが》む刀禰《とね》、国司以下少毅《しょうき》▲以上、惣《すべ》て陸拾捌《ろくじゅうはち》人。食稲壹拾参《いちじゅうさん》束陸《ろく》把人別二把、酒陸《ろく》斗捌《はち》升人別一升」とあり、越中守《えっちゅうのかみ》時代の大伴家持《おおとものやかもち》の歌の題詞《だいし》にも「天平勝宝《てんぴょうしょうほう》二(七五〇)年正月二日、国庁に於て饗を諸郡司等に給ふ宴の歌一首」(『万葉集《まんようしゅう》』四一三六番)とあるなど、地方豪族の国家に対する服属儀礼の際に、威厳ある国庁の場が重要な意義を果たしたのである。

▼**少毅** 軍団の指揮官で、大毅の次官。

▼職員令　養老令の篇目の一つ（大宝令では官員令）。内外文武の諸官司の官職名・定員・職掌などを規定する。

なお、職員令《しきいんりょう》70大国条で、陸奥・出羽《でわ》・越後《えちご》などの国守のみは「饗給《きょうきゅう》」を任務としている。そうした蝦夷《えみし》に対する饗給・撫慰《ぶい》の際にも、陸奥国府多賀城の国庁（政庁）などは饗宴の場として機能したと考えられ、その饗宴は蝦夷による入貢・服属関係を再確認する性格をもった。

国府（国庁）において告朔《こうさく》の行事が行われたことも、八幡林《はちまんばやし》官衙遺跡（新潟県長岡市《ながおか》）から出土した養老《ようろう》年間（七一七〜七二四）ころの郡符木簡《ぐんぶもっかん》によって確実になった（後述）。また、国庁が日常的な文書行政の場でもあったことは、下野国府跡で、国庁の西隣から大量の削屑を含む木簡群が出土したことからわかる。

国司館

国司館（守・介・掾・大目・少目の館）も、単に国司の館舎・宿舎というだけでなく、儀礼の場としての機能をも果たした。国司館の発掘例は、下野・筑後・陸奥などの国府跡で知られ、「守」「介」「館」などの墨書土器が出土することがある。国司館は、経済的機能（交易などを行う国司の経済的拠点）や文化的機能（都文化享受の場）だけでなく、政務・儀式・饗宴などの儀礼の場としての政治的機能をも果たした。

『万葉集』の越中守大伴家持(七四六〜七五一年在任)の関係歌をみると、国司館でしばしば饗宴が行われている。七五〇(天平勝宝二)年正月二日には守大伴家持の館において国庁の元日の宴会にかわる宴が開かれたり、七四八(天平二十)年に知人の僧が上京するときに家持の館で開かれた「飲饌饗宴」には、「郡司已下子弟已上の諸人、多く此《こ》の会に集まる」とある。また七五一(天平勝宝三)年に家持が越前《えちぜん》から奈良の都に離任するときに介の館で開かれた餞別の宴は、「国《くにの》厨《くりや》の饌《せん》を介内蔵《くらの》伊《い》美《み》吉《き》縄麿《ただまろ》の館に設け、餞《はなむけ》す」とあるように、国司館における饗宴も、国府厨が料理を供給する公的な性格をもっており、やはり地方豪族の服属意識や地方官人の官僚意識を再確認する重要な役割を果たしたのである。

八世紀の国司の政務と国司館の結びつきを示す出土文字資料が、秋田城跡(秋田市)から出土した漆紙文書《うるしがみもんじょ》(第五四次調査出土一〇号文書)である。

(表)　　在南大室者

勘収釜壹口

□□若有忘怠未収者乞可

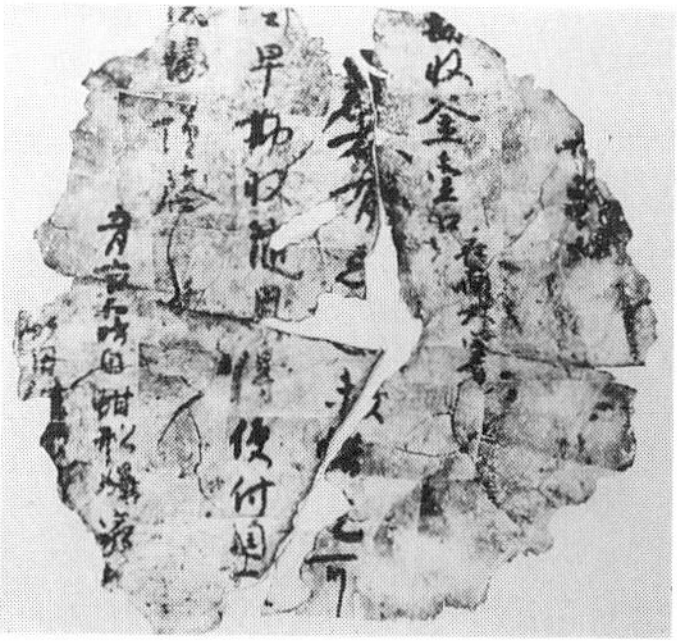
●——秋田城跡出土漆紙文書

▼切封　紙端を縦に細く切り込み、紐状にした部分を結んでおりたたんだ紙の文書を綴じる封の方法。

令早勘収随恩得便付国□□
□［徳カ］縁謹啓
五月六日卯時自蚶形驛家申
竹田継□

（裏）封□
介御館　務所
竹継状

円形の漆容器にかぶせた反故《ほご》紙の蓋紙《ふたがみ》が折りたたまれた状況で出土したもので、奈良時代後期の文書である。切封《きりふう》▲が行われ、紙背《しはい》に「封」字が書かれている。竹田継□なる人物が、出先の日本海沿いの出羽国蚶形《きさかたの》（象形）駅家《うまや》（秋田県にかほ市）から秋田城にある出羽介の館あてに送った書状で、国司が国司館から釜（製塩用の大型鉄釜か）の勘収についての国務を指示した関係が知られる。国司館である「介御館《すけのみたち》」に家政機関の「務所《むしょ》」（政所《まんどころ》）が存在したことも、うかがえる。

国庁から国司館へ

平安時代後期の受領《ずりょう》国司の任国《にんごく》赴任をめぐる儀礼についてのマニュアルともいえる『朝野群載《ちょうやぐんさい》』(巻二二)の「国務条事」には、「吉日時《きちじつじ》を択《えら》びて館《たち》に入る事」などの国司館での儀礼について記している。それによれば、国司の支配権を象徴する国印《こくいん》▲と鎰《かぎ》▲とを旧国司から新国司へと授受する儀礼は国司館で行われ、また税所《さいしょ》・大帳《だいちょう》所・朝集《ちょうしゅう》所・健児《こんでい》所・国掌《こくしょう》所などの国府の「所々」に属する官人たちが新任国司に対して挨拶する重要な儀礼も、国司館の庭中(広場)で行われている。国司交替に関する重要な儀礼が、国庁ではなく国司館において行われるようになっているのである。

このように、国司の受領化(国司請負制の展開)に応じて、国司の重要な儀礼・国務の場が、国庁から国司館へと移行していった。もちろん、『朝野群載』の「国務条事」でも、「神拝の後、吉日時を択びて、初めて政を行う事」「尋常の庁事の例儀式の事」などのまだ国庁で行われる儀礼もあったが、奈良時代後半から、国司とその部下の官人意識や、国司・郡司間の服属関係を再確認する儀礼の場は、国庁から国司館へと移行していった。諸国府の国庁の遺跡が、出土遺

▼**国印**　律令制で諸国に配られた国の印。銅製の鋳造印で、大きさは方二寸(約六センチ)、印文は「武蔵《むさし》／国印」などの四字。国司発行の正式な公文書には捺印が必要で、国司の行政権の象徴となった。

▼**鎰**　国司が管理権をもつ正倉の倉庫を開閉するためのカギをおさめたカギ箱のカギ。国印とともに国司の支配権の象徴となった。

▼**挙哀**　泣き声をあげて死者を追悼する礼。

物の年代観からみて、ほとんど十世紀代前半のうちに機能を終えてしまうことの背景には、国司の受領化に応じて、国務の場が国庁から国司館へと移行していくという動きが存在していた。

こうした変化の背景には、国庁と国司館との性格の差があった。儀制令21凶服不入《きょうぶくふにゅう》条の「凡そ凶服して（喪服を着て）公門《こうもん》に入らず」という令文への注釈によれば、「国庁・郡庁の庁院の門は公門である。正倉院、国・郡の厨院、駅家などの門は公門とは呼ばない」（『令集解《りょうのしゅうげ》』）という。国庁・郡庁の門は、他の正倉院・厨・駅家などの門とは違い、汚してはならない特別な「公門」なのであった。また、仮寧令《けにょうりょう》12外官聞喪《げかんぶんそう》条にも、「およそ外官（地方官）および使人が家族の喪を聞いたときは、所在の館舎に安置することは許す。ただし国庁・郡庁の内で挙哀《こあい》▲することは許さない」とみえる。国庁・郡庁が、ケガレを嫌う聖域的性格をもつハレの場であるのに対し、国司・郡司の館舎はより柔軟性をもつ使われやすい場であるという区別が存在したのである。実際、清浄であるべき国庁・郡庁の遺跡からは遺物があまり出土せず、国司館・郡司館、国府厨・郡家厨などに比べて生活臭がほとんどないことが多い。

国府の遺跡

国府の遺跡の解明は、かつての歴史地理学的研究から、発掘調査の進展によって考古学的解明が進んだ。各地の国府遺跡の調査のようすをみよう。

周防《すおう》国府(山口県防府《ほうふ》市)

三坂圭治《みさかけいじ》『周防国府の研究』により、国府(国衙《こくが》)像が形成された国府である。中世の東大寺《とうだいじ》文書に「国衙土居《どい》八町」とあり、現地に残る方格地割や地名をもとに、歴史地理学的方法によって方八町の古代国府像が提示された。方八町の西端に土塁痕跡とみられた「大樋土手《おおひどて》」があり、地字に国庁・国衙・西門・朱雀《すざく》・細工所《さいくしょ》・市田《いちだ》・蔵添《くらぞえ》・鍛冶屋《かじや》・多々良《たたら》・船所《ふなどころ》・浜ノ宮・馬屋田《うまやでん》・大領田《だいりょうでん》・公下などの小地名がよく残っていた。周防国分寺・国分尼寺や佐波《さば》神社(総社)が北の山麓に位置し、東西に走る山陽道《さんようどう》が推定される。また南側の瀬戸内海の旧海岸線に接して「船所・浜ノ宮」の地名が残る国府津が推定された。

発掘調査の結果、中央部に築地《ついじ》・四門に囲まれた方二町の国庁が判明したが、大樋土手は中世の遺構であり、東方では方八町域を越えて官衙の掘立柱《ほったてばしら》建物群が存在することから、「方八町」は中世に周防国が東大寺再建のための造営《ぞうえい》

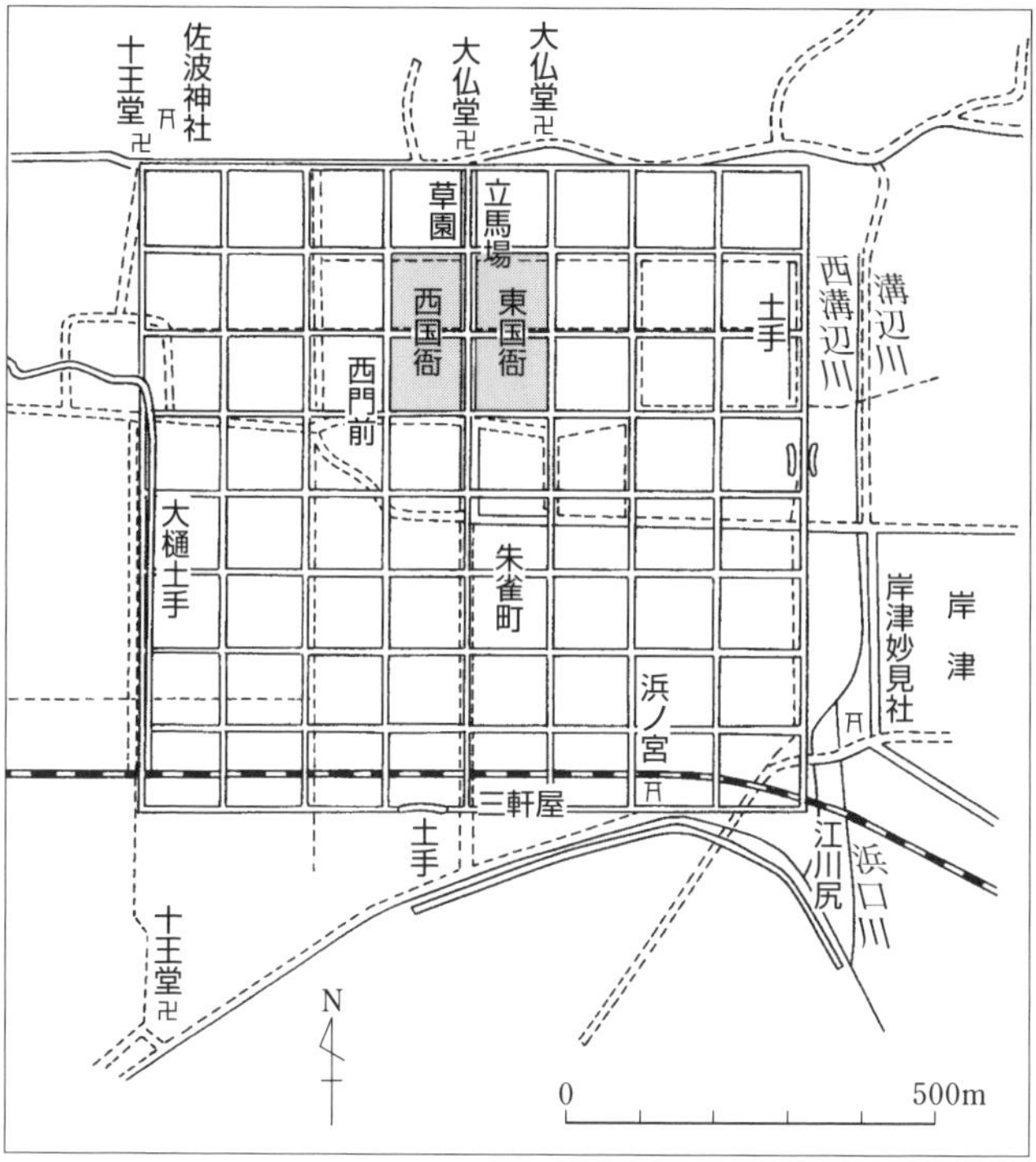

●──周防国府(佐藤信編『律令国家と天平文化』による)

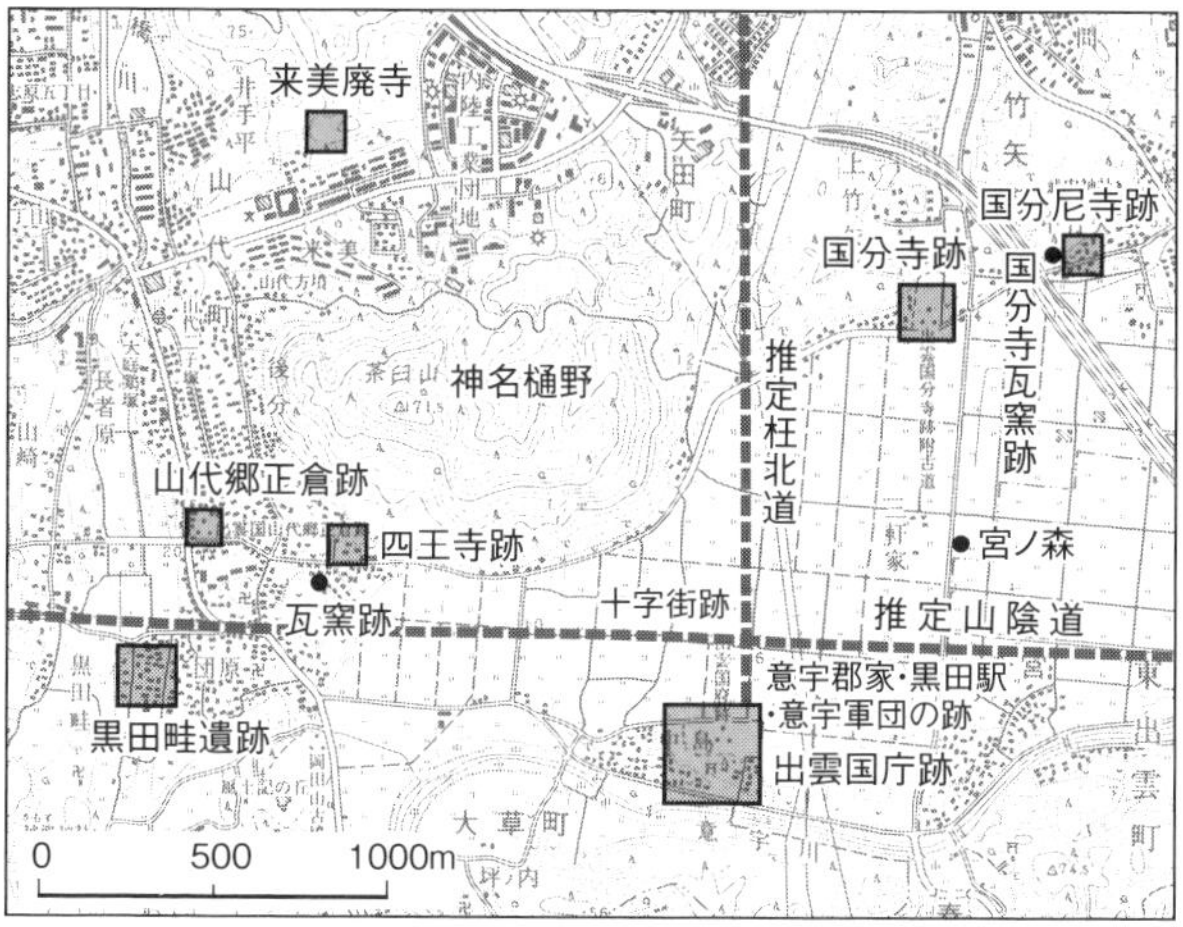

●──出雲国府跡と周辺図(勝部昭『出雲国風土記と古代遺跡』による)

料国《りょうごく》▲となって以降の呼び方であり、古代には「方八町の国府域」はなかったことが明らかとなった。

近江国府（滋賀県大津市）

発掘調査によって、微高地上に国庁の正殿・後殿・東西脇殿・廊・楼・中門・築地などが明らかにされた。正殿は瓦積基壇をもつ瓦葺建物である。遺物から、八世紀中ごろ〜十世紀後半に機能したことが知られる。この国庁の近くに勢多《せた》の唐橋《からはし》▲・勢多駅・堂ノ上《どうのうえ》遺跡・東山道《とうさんどう》・近江国分寺・国分尼寺・一宮建《たけ》部《べ》神社などの遺跡群が微高地上を中心に存在する。国庁東方に正倉が南北に列立した惣山《そうやま》遺跡もみつかり、こうした諸機能を分担する施設群が複合して国府が構成されていたことが明らかになっている。

出雲国府（島根県松江市）

意宇《おう》平野南部を東流する意宇川北岸の六所神社《ろくしょじんじゃ》の社殿の地に、国庁正殿が位置する。発掘調査では、国庁後殿と北方官衙地区、さらに北方の殿舎群（国司館か）や東方の工房跡などが明らかになった。また「評」記載の木簡が出土して、七世紀代には意宇評家《ひょうけ》も位置したことが知られる。国庁東北には、『出雲国風《ふ》

▼造営料国　一一八〇（治承《じしょう》四）年に焼失した東大寺の再建のため、周防国は造営のための料国とされ、勧進職の俊乗坊重源《しゅんじょうぼうちょうげん》は別所阿弥陀寺《べっしょあみだじ》を営み、佐波川関《さばがわのせき》水《みず》を利用して木材を搬出した。

▼勢多の唐橋　滋賀県大津市の瀬田《せた》川にかかる古代以来の有名な橋。近江国庁に近い交通要衝の地にあり、壬申《じんしん》の乱《らん》や恵美押勝《えみのおしかつ》の乱などでも争奪の場となった。瀬田川の川底で、古代の橋脚遺構が発掘調査された。

●—近江国府跡

▼**総柱建物**　収蔵物の重さにたえるよう、建物中央部にも四辺の側柱《がわばしら》と同規模の太い柱群を配置して高床《たかゆか》を支える建物。倉庫であったと考えられる。

土記《どき》』に記載された山陰道《さんいんどう》と隠岐路《おきじ》とが交差する「十字街《じゅうじがい》」が知られる。条里《じょうり》制の畦畔《けいはん》が残る意宇平野の東北方には出雲国分寺・国分尼寺の遺跡があり、国分寺から南に延びる「天平《てんぴょう》古道《こどう》」の道路跡もみつかり、平野西方では、東西・南北の陸上交通の交点に、『出雲国風土記』に記載された山代郷《やましろごう》正倉《しょうそう》跡（団原《だんばら》遺跡・下黒田《しもくろだ》遺跡）がみつかり、正倉の総柱《そうばしら》倉庫建物群▲が列立し、管理施設や区画溝が存在するようすが明らかになった。

伯耆国府（鳥取県倉吉市）

倉吉盆地にある現在の国庁裏《こくちょうり》神社の地に、発掘調査によって国庁の正殿・前殿・東西脇殿・南門・区画施設、また曹司などが明らかになった。北の四王《しおう》寺《じ》山を国府にともなう山城《やまじろ》とみる説もある。東方に位置する伯耆国分寺や法華《ほっけ》寺畑《じばた》遺跡（国分尼寺説あり）も、発掘調査された。その東方の国府川北岸の不入《ふに》岡《おか》遺跡は、掘立柱建物からなる大規模な倉庫群であり、国府川河口の津をへて日本海海上交通と接続する国府の河川交通の拠点と考えられる（倉庫説以外に兵舎説・工房説・馬房説などもある）。

下野国府（栃木県栃木市）

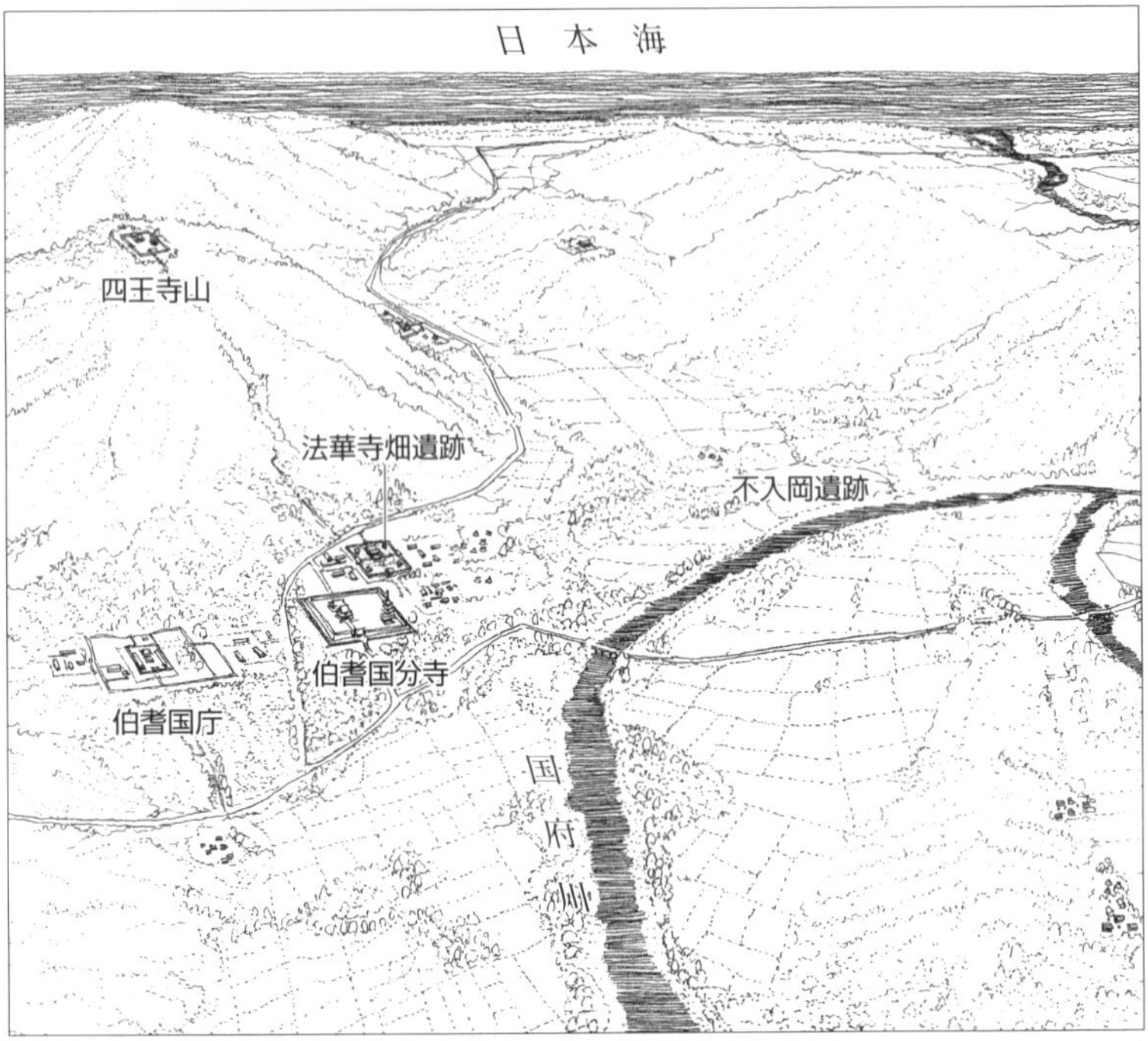

●—伯耆国府復元推定図(小澤尚作図。山中敏史・佐藤興治『古代の役所』による)

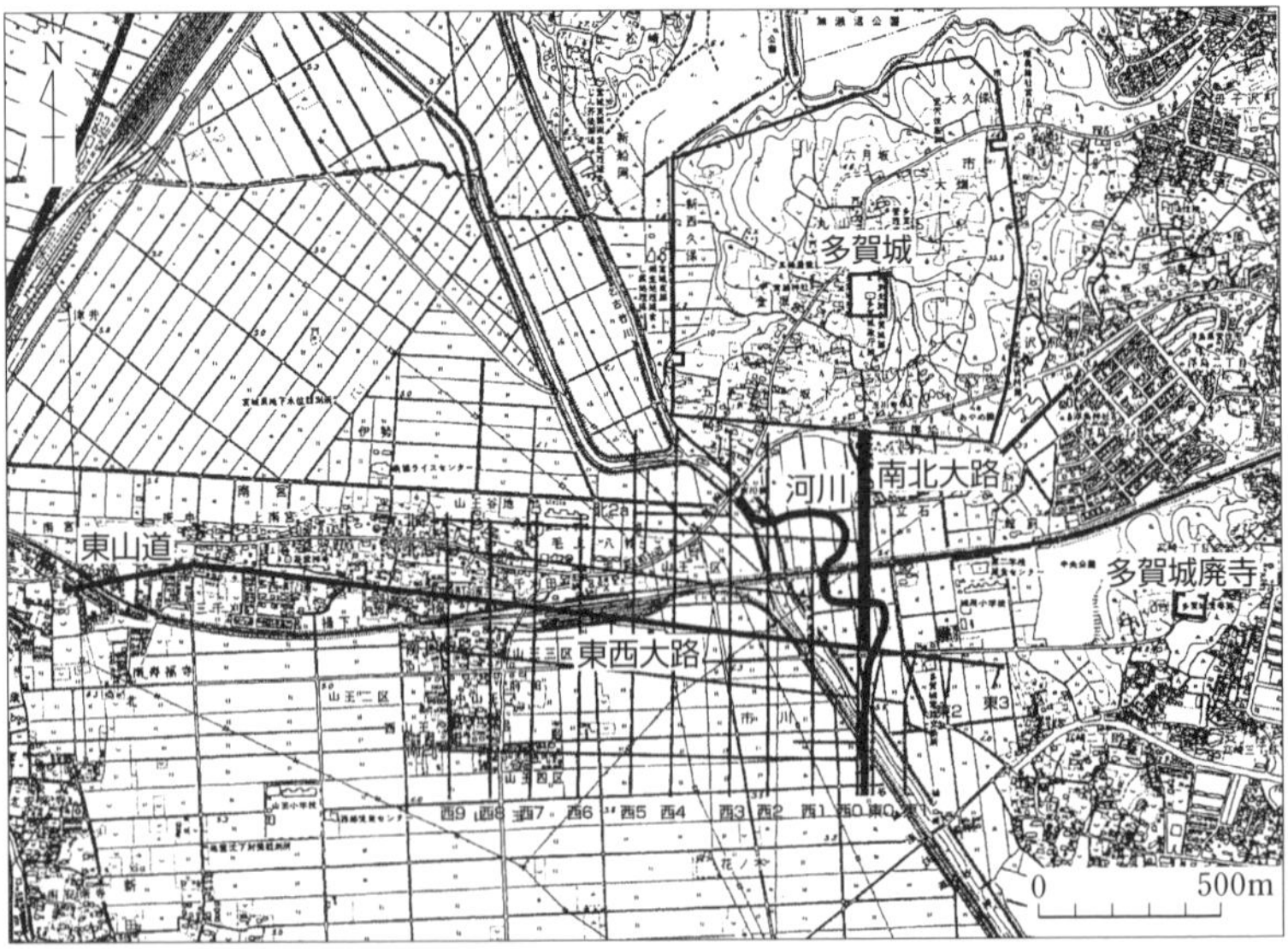

●—多賀城と方格地割(奈良文化財研究所『古代の官衙遺跡Ⅱ』による)

●—下野国庁復元模型

南を東山道が東西方向に走り、東方に進むと下野国分寺・国分尼寺をへて下野国薬師寺《やくしじ》へと向かう。周辺には、総社・印役《いんやく》・内匠《たくみ》屋・鋳物師《いもじ》内・大蔵・馬場・金井などの国府関係地名が分布する。

発掘調査の結果、現在の宮目《みやのめ》神社が国庁正殿の基壇上に立ち、その南に前殿と東西脇殿に挟まれた広場があり、南門・区画施設によって囲まれることが明らかになった。西脇殿の西方から削屑多数を含む木簡が出土し、国庁が文書行政の場でもあったことが知られた。

国庁南門から南進する直線道路（朱雀路）があり、その朱雀路の西に接して、国庁中央から南三町ラインを南辺とした区画塀に囲まれ、掘立柱建物群が整然とならぶ地区がみつかった。「介」の墨書土器《ぼくしょどき》が出土したことから、介の国司館と推定された。ほかにも、曹司や倉庫群などの施設が国庁周辺に群在している。

筑後国府（福岡県久留米市）

筑後川河口部に近い筑後国府は、時期によって国庁が移動して営まれている。国庁には正殿・前殿・東西脇殿・南門・区画施設などが確認され、ほかに曹司・国司館と推定される地区がみつかり、関連する墨書土器として、「守館」

●下野国府跡（『岩波講座　日本通史4』による）

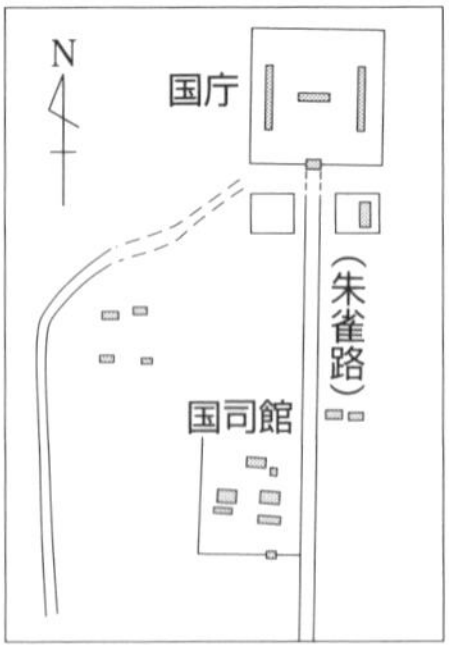

▼**高良山神籠石**　福岡県久留米市の高良大社が建つ高良山の山頂部を取り巻くように、巨石の列石や土塁がめぐる、古代山城の遺跡。筑後国府を見下ろす要衝の地に位置する。

▼**多賀城碑**　多賀城を修造した藤原恵美朝臣《あそん》朝獦（藤原仲麻呂《なかまろ》の子）によって建てられた石碑。多賀城の位置とともに、多賀城が七二四（神亀元）年に大野東人《おおののあずまびと》によって営まれ、七六二（天平宝字六）年に藤原恵美朝獦が修造したことが記される。

「介」などが出土している。さらに国庁以外に、九世紀～十世紀初頭に築地で囲まれた区画も存在している。また他の国府遺跡よりも新しい十一世紀代にも、大規模な正殿的建物が存続したことが知られている。なお東方の山陵を利用して高良山神籠石《こうらさんこうごいし》▲が山城としてあり、山腹に筑後一宮の高良大社が位置する。

肥前国府（佐賀県佐賀市）

発掘調査で、正殿・前殿の南に東・西脇殿に囲まれて広場があり、南門が開く区画施設に囲まれ、北に後殿が配された国庁が知られている。国庁のまわりに、曹司・国司館と推定される建物群や倉庫群などがみつかっており、諸機能を分担する施設群からなる国府の構成がよくうかがえる。肥前国分寺・国分尼寺跡が東方にあり、印役社も近くに位置する。

陸奥国府＝多賀城跡（宮城県多賀城市）

陸奥国府は、八世紀前期に営まれた東北の城柵《じょうさく》遺跡でもある多賀城であった。七二四（神亀《じんき》元）年と多賀城碑▲に記される多賀城造営の以前には、七世紀後期から八世紀初めにかけての郡山《こおりやま》遺跡（仙台市）がそれにかわる機能を果たしたとみられる。多賀城は、内郭（政庁）・外郭からなり、とくに櫓《やぐら》群をもつ外郭によっ

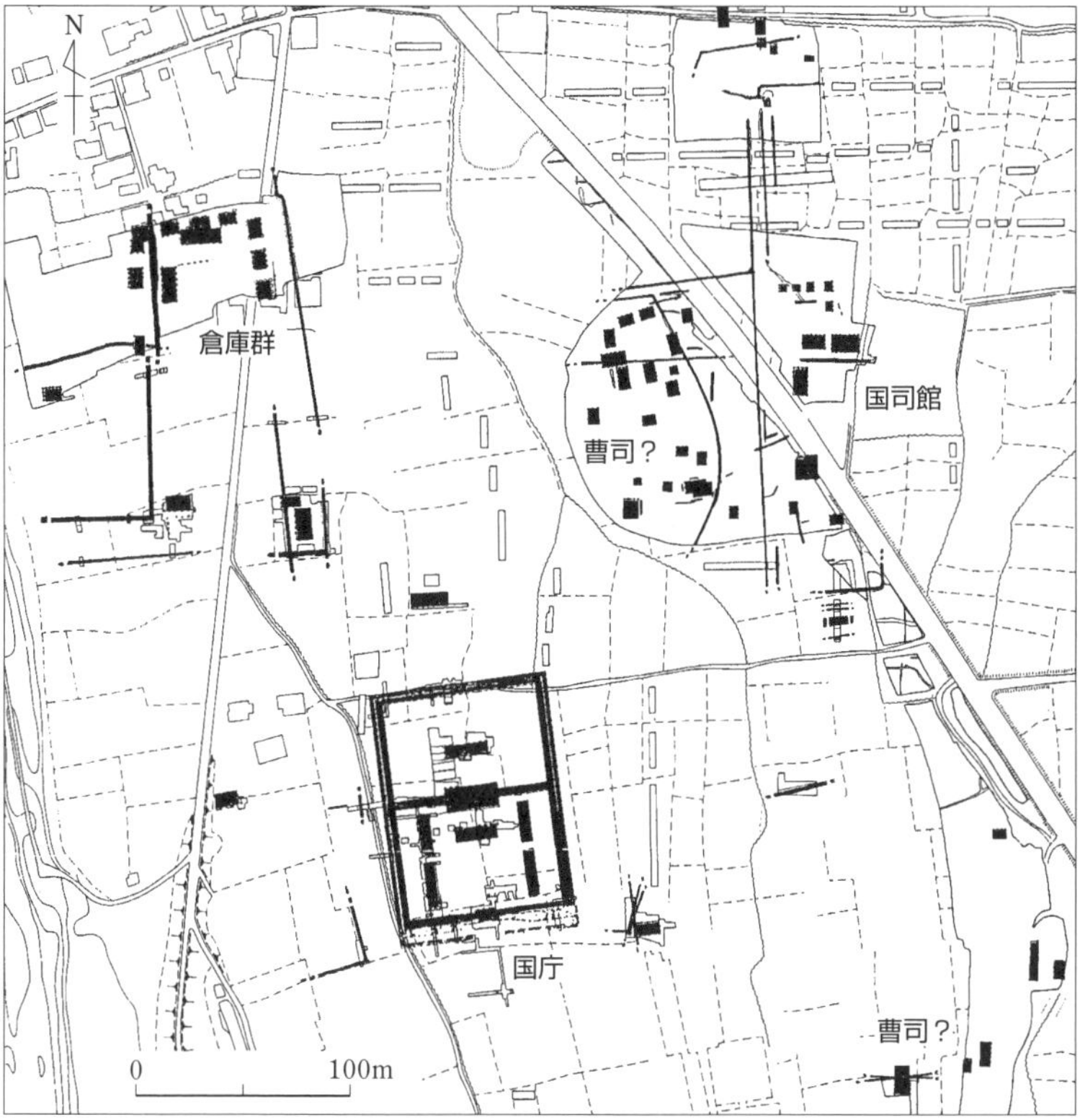

●──肥前国府跡(奈良文化財研究所『古代の官衙遺跡Ⅰ』による)

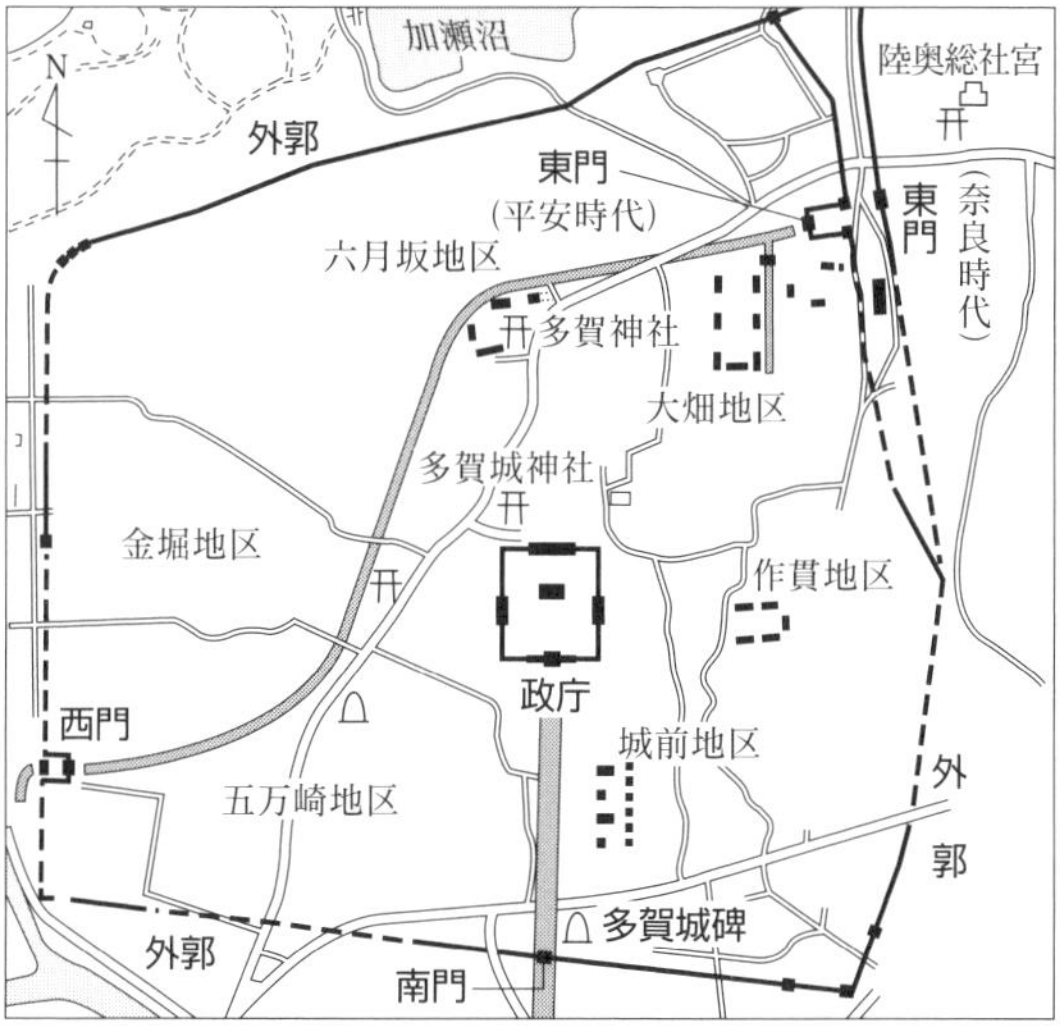

●──陸奥国府跡(多賀城跡)全図(宮城県多賀城跡調査研究所『多賀城─発掘のあゆみ─』による)

て四辺が取り囲まれているところが、他の国府遺跡とは異なる。内郭は、正殿の南に東・西の脇殿に囲まれた広場(庭)があり、南門が開く区画施設に取り囲まれた政庁で、儀礼の場であった。八世紀後期には正殿の前面が石敷広場となる。外郭内には、官衙(曹司)地区、倉庫群、工房群、兵士の住居と考えられる竪穴住居群、道路などが存在し、門・櫓をもつ外郭区画施設(地盤の安定した地は築地で、低湿地は材木列の塀)に取り囲まれていた。木簡・漆紙文書・文字《もじ》瓦《がわら》などの文字資料も出土して、多賀城の歴史が明らかになっている。また、外郭南門をはいった東側には、多賀城を修造した藤原恵美朝獦《ふじわらのえみのあさかり》によって七六二(天平宝字《ほうじ》六)年に建てられた多賀城碑が残っている。

多賀城周辺には、多賀城と一体となる多賀城廃寺《はいじ》(宮城県多賀城市)が知られる。大宰府観世音寺《かんぜおんじ》▲と同じ伽藍配置で、「観音寺」の墨書土器もみられることから、大宰府における観世音寺と同様の位置付けをもつ寺院と考えられる。外郭東門のすぐ外に惣社宮が位置し、東門から国府津の塩竈《しおがま》港に進むと一宮の塩竈神社(宮城県塩竈市)があり、東方の海側には多賀城造営と関連する製鉄遺跡の柏木《かしわぎ》遺跡がある。また外郭南面の微高地には、大規模な掘立柱建物群が整然

▼**観世音寺**　大宰府の政庁の東に位置する、古代西海道を代表する寺院。九州で没した母斉明《さいめい》天皇のため天智《てんじ》天皇が発願したと伝え、奈良時代に造営が進められた。中門をはいると西に金堂《こんどう》、東に塔、正面に講堂《こうどう》が配される観世音寺式伽藍配置をとる。七六一(天平宝字五)年には戒壇《かいだん》もおかれ、ここの講師が西海道の僧尼を統括した。

と配置されて国司館と推定される館前《たてまえ》地区・大臣宮《おとどのみや》地区などがある。さらに、南西方には山王《さんのう》遺跡・市川橋《いちかわばし》遺跡（宮城県多賀城市）が調査され、九世紀に道路によって方格状に区画された街区が広がることがわかった。四面庇《しめんびさし》をもつ大規模な掘立柱建物のある街区からは「右大臣殿／餞馬収文」の銘をもつ題籤《だいせん》木簡▲が出土し、また優品の遺物や庭園をもつ邸宅遺構が存在するなど、国司館などからなる都市域が外郭外に広がっていたようすが明らかになっている。

伊賀国府（三重県伊賀市）

陸上交通路にそって位置する国庁は、正殿・前殿と東・西脇殿に囲まれた広場（庭）があり、南門が開く区画施設によって囲まれている。八世紀半ばから十一世紀前半に機能している。

伊勢国府（三重県鈴鹿市）

国庁として、正殿・前殿・東西脇殿・廊・南門・区画施設が明らかになった。瓦と基壇化粧のない「未完成」の基壇が検出されている。八世紀半ばから、国庁の周辺に一辺一二〇尺（一尺＝約三〇・三センチ）四方の方格地割が施行されているようすが判明した。東海道の陸上交通と鈴鹿《すずか》川の河川交通を踏まえた地で、

●**観世音寺の伽藍配置**（岡本東三『古代寺院の成立と展開』による）

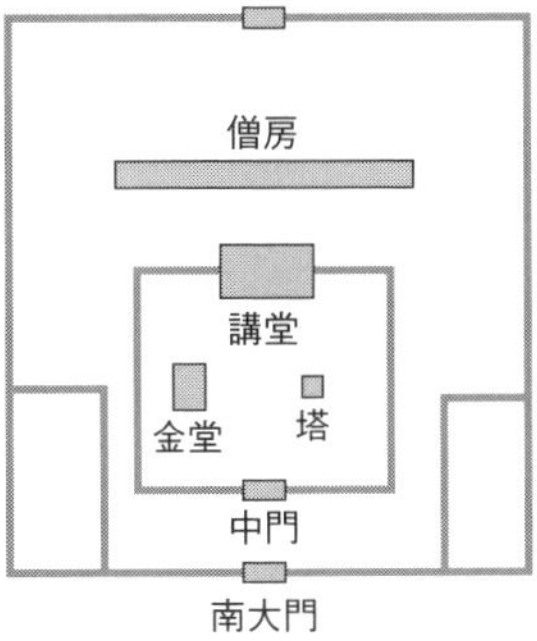

▼**題籤木簡**　往来軸とも。巻子《かんす》装の巻物の軸の上端を扁平な長方形に成形して、そこに書名・文書名などを記したもの。

同じ丘陵上に伊勢国分寺も立地する。

美濃国府（岐阜県不破郡垂井《たるい》町）

美濃一宮の南宮《なんぐう》大社の御旅所《おたびしょ》である旅所神社の位置に国庁正殿が推定され、その南に東・西脇殿や広場・区画施設が検出され、墨書土器が出土している。南方を東山道が東西に走り、東方に美濃国分寺・国分尼寺、西方に不破関▲が位置する。真南の方向に南宮大社へと向かう道が延びている。

常陸国府工房＝鹿の子《かのこ》C遺跡（茨城県石岡《いしおか》市）

一部が発掘調査で確認された常陸国庁跡から北方一・五キロの地に、曹司となる掘立柱建物群、鍛冶工房である連房式竪穴《れんぼうしきたてあな》遺構群、工人住居である竪穴式住居群などからなる国府工房の鹿の子C遺跡が発掘調査されている。鎧《よろい》用の鉄小札《こざね》・鉄鏃《てつぞく》・刀子《とうす》・釘《くぎ》・鎌などの遺物が出土し、鉄製武具の生産が大規模に行われていたことが知られた。また、国庁で反故となった公文書が払い下げられ、漆工房において漆容器の蓋紙として利用されたのち廃棄された漆紙文書が出土した。それによって、『続日本紀《しょくにほんぎ》』にみえる、八世紀後期の延暦《えんりゃく》年間（七八二〜八〇六）の対蝦夷戦争に際して東国《とうごく》諸国に課せられた大量の武器製造に対応し

▼**不破関**　岐阜県不破郡関ケ原《せきがはら》町に位置する古代三関《さんげん》の一つで、東山道が近江国から美濃国にはいった国境におかれた。壬申の乱で、この地を押さえて東国からの軍事動員に成功した天武《てんむ》天皇が勝利したように、要衝であった。美濃国司が管理し、天皇の没時などに固《こ》関使《げんし》が派遣されて、中央の反乱者が東国にはいることを阻止した。土塁に囲まれた遺跡が発掘調査されている。

た国府工房であったことが明らかとなった。

③―郡家の機能と在地社会

郡司

郡は、七世紀半ばの孝徳《こうとく》天皇の時代、いわゆる「大化改新《たいかのかいしん》」の際にそれまでの国造《くにのみやつこ》の「国《くに》」を再編成して「天下立評《てんかりっぴょう》」された「評《こおり》」に始まる地方行政区画である。評は管下に複数の「五十戸《さと》」▲をもっており、のち五十戸は「里」と表記されるようになる。評を統括する官人《かんじん》としての評司《ひょうじ》には、「評造《こおりのみやつこ》」「評督《こおりのかみ》」などが任命された。飛鳥浄御原令《あすかきよみはらりょう》の時代（六八九～七〇一年施行）には、地方行政区画は国―評―里《り》となるが、「評」は大宝令《たいほうりょう》（七〇一～七五七年施行）で「郡」と改められた。

郡司《ぐんじ》には、かつての国造に系譜する伝統的な地方豪族《ごうぞく》が任じられた。日本古代国家が中央集権的な支配を実現するうえで、郡司の地方支配権を総括することが必要不可欠であった。

郡司は、国司《くにのみこともち》の管下に位置づけられるが、伝統的な地方豪族が「譜代《ふだい》」優先で任じられ、任期のない終身官であることなど、官僚制的原則を越えた氏族《しぞく》的・名望家的性格が認められていた。かつて地方豪族が中央の大王《だいおう》（天皇）や有

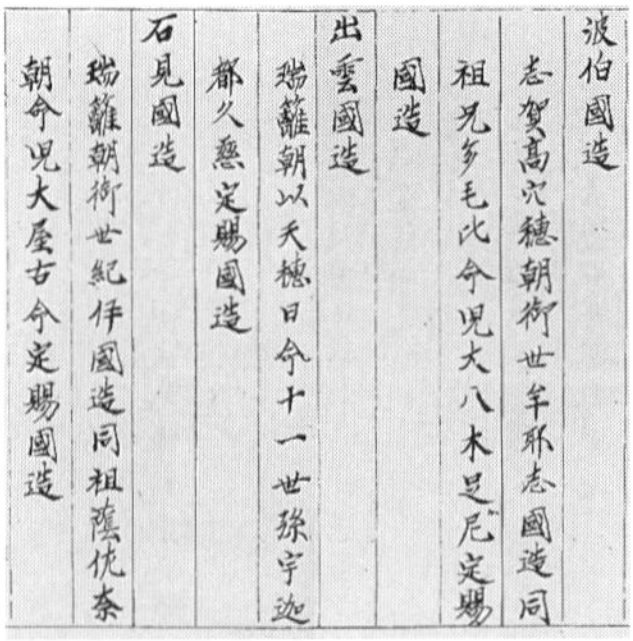
波伯國造
志賀高穴穗朝御世牟邪志國造同
祖兄多毛比命兒大八木足尼定賜
國造
出雲國造
瑞籬朝以天穗日命十一世孫宇迦
都久恕定賜國造
石見國造
瑞籬朝御世紀伊國造同祖蔭佐奈
朝命兒大屋古命定賜國造

●―『先代旧事本紀』国造本紀出雲国造条とその前後。

▼五十戸　戸籍作成に応じて編戸された戸が五〇集まって五十戸が構成され、七世紀後半に「五十戸」は「里」と表記されるようになる。

▼舎人　古代に、地方豪族の子弟らが中央の天皇や貴族に近侍して仕えた従者。「とのいり」を語源とする説がある。壬申の乱では、東国《とうごく》の地方豪族出身の舎人たちが天武天皇側で活躍した。律令制で

は、内舎人《うどねり》・大《おお》舎人・東宮《とうぐう》舎人・中宮《ちゅうぐう》舎人・兵衛《ひょうえ》・帳内《ちょうない》・資人などに分化し、下級官人となった。

▼**靫負**　倭の大王に属する武力で、矢をいれる道具の靫《ゆき》を身につける武人の意。おもに西国の地方豪族の子弟が奉仕し、大王宮の門などを守衛した。令制の衛門府《えもんふ》は「ゆげいのつかさ」と呼ばれる。

▼**采女**　令制では、郡司の少領《しょうりょう》以上の姉妹・娘の容姿端正な者が中央に進められ、天皇に近侍して仕えた後宮女官。

▼**群集墳**　古墳時代後期の六～七世紀ころに、全国的に小円墳が多数密集して営まれるようになった古墳群。有力家族層が台頭して造墓するようになったことに応じ、追葬可能な横穴式石室が多い。

力王族・豪族のもとに子女を舎人《とねり》▲・靫負《ゆげい》▲・采女《うねめ》▲などとして送り込んで関係を結んだ痕跡として、律令《りつりょう》制のもとでも、郡司子弟がトネリ（帳内《ちょうない》・資人《しじん》・兵衛《ひょうえ》）として中央に勤務し、郡司の女子が采女として天皇の後宮《こうきゅう》に仕えるといった制度が引き継がれている。七世紀後半には、壬申《じんしん》の乱《らん》において美濃《みの》の地方豪族の子弟であった大海人皇子《おおあまのみこ》（天武《てんむ》天皇）の舎人たちが活躍したり、天智《てんじ》天皇の後継者とされた大友《おおとも》皇子の母は伊賀《いが》の地方豪族の娘の采女であったり、天武天皇の長子である高市《たけち》皇子の母は、北部九州の宗像《むなかた》郡の地方豪族の娘であるなど、地方豪族と天皇とのあいだの直接的な関係もなお根強かった。

　しかし、七世紀半ばに評司となった地方豪族（郡司氏族）も、群集墳《ぐんしゅうふん》▲の爆発的な出現にみられるような有力農民層の進出の前にその支配権がゆらいできたことが、地方官として古代国家に組み込まれる背景となっていた。また、評司となって以降世代が変わると、単一の郡司氏族から複数の郡司層へと存在形態が変化していく。八世紀の郡司任命をみると、終身官であるにもかかわらず頻繁に郡司の交替が行われており、その背景には、郡司候補者が常に複数存在してしばしば郡司の職を交替するという、郡司層としての存在を考える必要がでてきた。郡の世界を、郡司氏族を中心とした一元的なものととらえるのではなく、郡司層が併立する多元的な構成とみなくてはならなくなってきた。

郡家の構造

郡家《ぐうけ》（郡衙《ぐんが》）は、地方豪族である郡内の郡内統治拠点である。郡司には伝統的な地方豪族であるもと国造から任じられたことから、かつては郡司氏族の豪族居館が郡家に転化したという郡家起源説もあったが、郡家遺跡の発掘事例によって、郡家の中心となる郡庁《ぐんちょう》（政庁）が、国庁《こくちょう》ほど厳密ではないにせよ、やはり官庁としての規格性をもつことが明らかとなった。すなわち、正殿《せいでん》・東西脇《わき》殿《でん》・広場が左右対称に「南に開く『コ』の字配置」をとり、方五〇メートルほどの区画（回廊《かいろう》状建物となる場合がある）内に位置する。郡家（七世紀は評家）は、七世紀後期から、あくまで行政組織の施設として営まれたのである。

郡家の官舎施設としては、一〇三〇（長元《ちょうげん》三）年の「上野国交替実録帳《こうずけのくにこうたいじつろくちょう》」▲などによれば、郡庁以外に官舎（曹司《そうし》）群、郡司館《ぐんじのたち》、倉庫群である正倉院《しょうそういん》、そして郡家厨《くりや》などが知られる。さらに、駅家《うまや》・津《つ》などの交通施設や生産工房が付随し、

●──郡司の官員

	大領	少領	主政	主帳
大郡（郷）	1	1	1	1
上郡（郷）	1	1	1	
中郡（郷）	1	1		1
下郡（郷）	領1			1
小郡（郷）	領1			

官位相当：大領…従五位上，少領…正六位下。

▼「上野国交替実録帳」　一〇三〇（長元三）年ころの上野国司の交替に際して作成された、不与解由状《ふよげゆじょう》の草案文書。九条家本『延喜式《えんぎしき》』の紙背文書《しはいもんじょ》として伝わり、平安後期の国府行政の実態がうかがえる。『群馬県史』『平安遺文《へいあんいぶん》』におさめる。

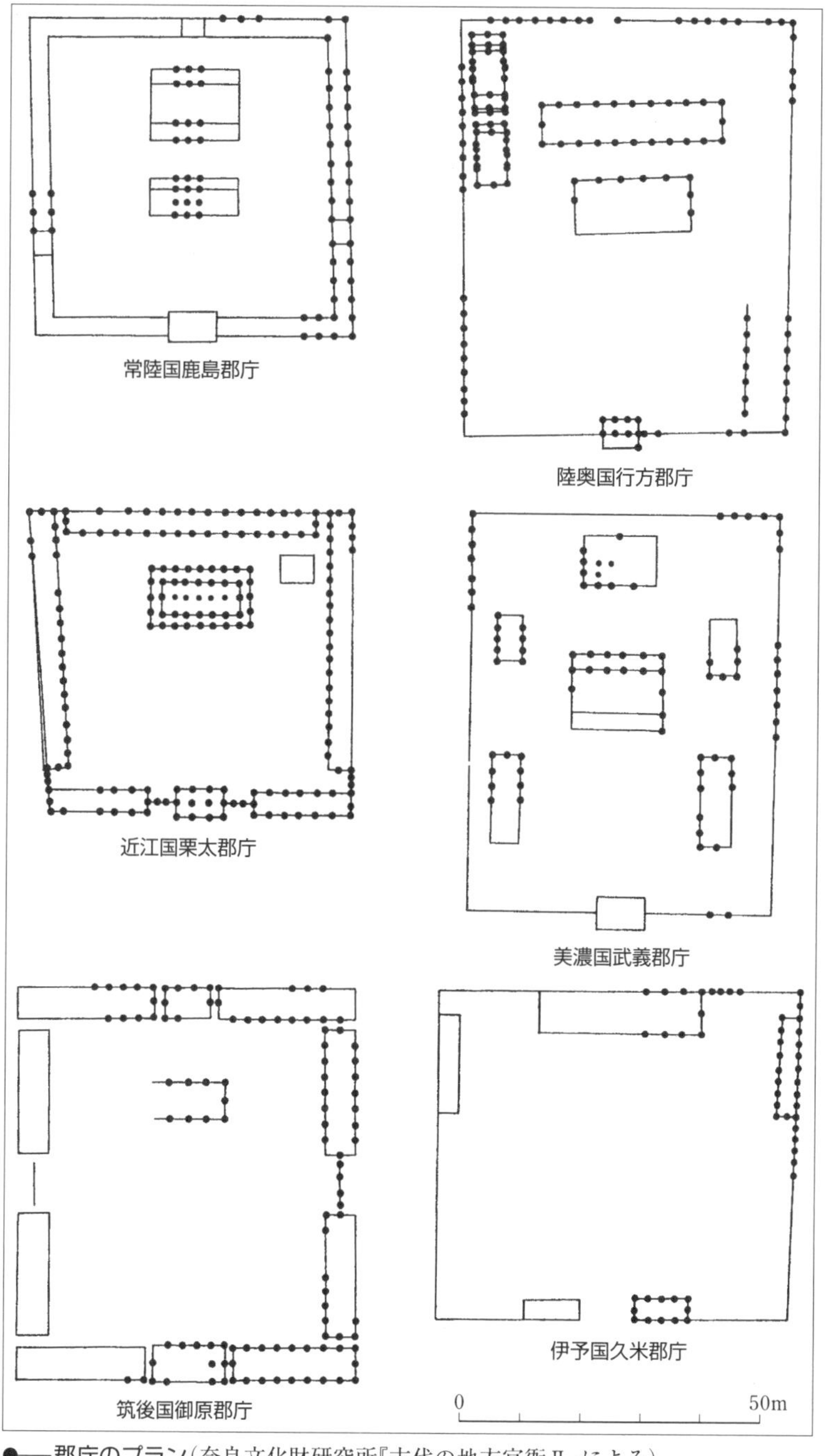

●──郡庁のプラン(奈良文化財研究所『古代の地方官衙Ⅱ』による)

●—復元された駿河国志太郡家（御子ケ谷遺跡、静岡県藤枝市）

近くに郡司氏族の氏寺《うじでら》としての機能も推定される郡寺《ぐんじ》が存在することが多い。

こうした郡庁・正倉院・厨・館その他という郡家のセットが知られる郡家遺跡として、陸奥《むつ》国加美《かみ》郡家（東山官衙《ひがしやまかんが》遺跡、宮城県加美郡加美町）・陸奥国白河《しらかわ》郡家（関和久《せきわく》官衙遺跡、福島県西白河郡泉崎《いずみざき》村）・常陸《ひたち》国鹿島《かしま》郡家（神野向《かのむかい》遺跡、茨城県鹿嶋《かしま》市）・常陸国新治《にいばり》郡家（新治郡衙跡、茨城県筑西《ちくせい》市）・下野《しもつけ》国那須《なす》郡家（那須官衙遺跡、栃木県那須郡那珂川《なかがわ》町）・武蔵《むさし》国都筑《つづき》郡家（長者原《ちょうじゃはら》遺跡、横浜市）・武蔵国豊《と》島《しま》郡家（御殿前《ごてんまえ》遺跡、東京都北《きた》区）・駿河《するが》国志太《しだ》郡家（御子ケ谷《みこがや》遺跡、静岡県藤枝《ふじえだ》市）・美濃国武義《むぎ》郡家（弥勒寺東《みろくじひがし》遺跡、岐阜県関《せき》市）・近江《おうみ》国栗太《くりた》郡家（岡《おか》遺跡、滋賀県栗《りっ》東《とう》市）・伊予《いよ》国久米《くめ》郡家（久米官衙遺跡群、愛媛県松山市）・筑後《ちくご》国御原《みはら》郡家（小郡《おごおり》官衙遺跡、福岡県小郡市）・豊前《ぶぜん》国上毛《かみつみけ》郡家（大ノ瀬《だいのせ》官衙遺跡、福岡県築上《ちくじょう》郡上毛《こうげ》町）などがあげられる。

郡家には、『類聚三代格《るいじゅうさんだいきゃく》』（巻六）の八二二（弘仁《こうにん》十三）年閏九月二十日太政官《だじょうかん》符《ぶ》に記されている、

書生《しょしょう》・案主《あんず》・鎰取《かぎとり》・税長《ぜいちょう》・徴税《ちょうぜい》丁・調《ちょう》長・服《はとり》長・庸《よう》長・庸米《ようまい》長・駆使《くし》・

厨《くりや》長・駆使《くし》・器作《うつわづくり》・造紙《ぞうし》丁・採松丁・炭焼《すみやき》丁・採藁《さいそう》丁・芸丁・駅伝使舗《えきでんしほ》

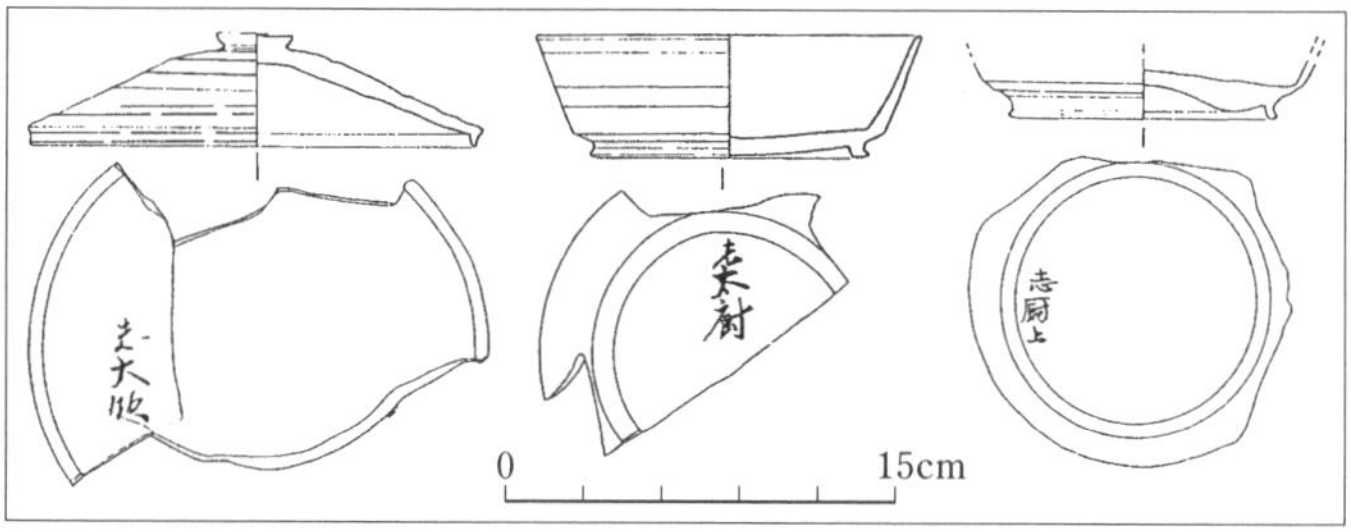

●――駿河国志太郡家(御子ケ谷遺跡)出土墨書土器(藤枝市教育委員会『駿河国「志太郡衙跡」』による)

設丁《せってい》・伝馬《でんば》長など、数多くの郡雑任《ぐんぞうにん》が働いていた。彼らは郡家を構成するそれぞれの曹司(実務官衙)に属して勤務したが、それぞれの行政分掌組織はあくまで官僚制的に機能しており、そこでは文書《もんじょ》主義が貫かれていた。行政組織としての郡の官僚制的なあり方は、郡家遺跡の構成の規格性にみることができる。

郡厨は、郡司をはじめ郡家に働く官人たちへの給食を任務としており、八二二年閏九月二十日太政官符で厨長一人のもとに五〇人の駆使が所属しているように、大きな機能を果たした。厨で用いられた大量の食器は、多く規格性に富んだ画一的な須恵器《すえき》の杯《つき》・皿《さら》・椀《わん》であり、駿河国志太郡家跡からは、「志太厨」「志厨」「志大領」「志大」「大領」「志太少領」などと須恵器の杯や蓋に記した墨《ぼく》書土器《しょどき》が二六四点も出土している。

郡家の遺跡

郡家を構成する郡庁・正倉院・厨・館などの全体像がうかがえる郡家遺跡のいくつかについて、ふれておきたい。

●―武蔵国都筑郡家復元模型

常陸国新治郡家（新治郡衙跡、茨城県筑西市）

高井悌三郎《たかいていざぶろう》による戦前の発掘調査により、はじめて郡家像が明示された遺跡である。北・東・南に列立する倉庫群と西側の雑舎群の配置を、建物礎石《そせき》位置の地業によって確認した。炭化米が周密に存在した東方の倉庫群一三棟は、『日本紀略《にほんきりゃく》』（八一七〈弘仁八〉年十月癸亥条）にみられる神火《じんか》で焼失した新治郡の不動倉一三棟と符合することが指摘された。西側の非倉庫群を豪族居館が郡庁化したものとみる説もあったが、郡庁の「コ」の字配置をとらない点で、正倉院の管理施設などとみられる。

常陸国鹿島郡家（神野向遺跡、茨城県鹿嶋市）

鹿島神宮の南西の台地上に位置し、回廊《かいろう》状施設に囲まれた郡庁院、その南方の大溝で囲まれた正倉院と、政庁東方の厨の建物群などが確認された。正倉院の倉庫群は、八世紀後半以降掘立柱《ほったてばしら》建物から礎石建物へと変化する。郡庁域から「神宮」「祝」「厨」などの墨書土器が出土したのは、鹿島郡が神郡であったこと、郡庁で開かれた饗宴《きょうえん》などに郡厨から供給が行われたことを示している。

武蔵国都筑郡家（長者原遺跡、横浜市）

武蔵国都筑郡家は、台地の尾根上の平坦地に、郡庁域・正倉院域・館・厨域などの建物群が地形にあわせて配置されているようすが明らかになった。

武蔵国豊島郡家（御殿前遺跡・七社神社前遺跡、東京都北区）

荒《あら》川の流れる低地に臨む台地上の東端に位置し、西に正倉院、東に郡庁院が位置するほか、館や厩《うまや》も推定されている。正倉院と郡庁院のあいだを道路がとおり、台地から低地にくだって下総《しもうさ》のほうに向かっていく。

美濃国武義郡家（弥勒寺東遺跡、岐阜県関市）

長良《ながら》川が湾曲して流れる内面に、北側の山稜とのあいだにコンパクトに位置する。七世紀後半から営まれ、政庁（評庁・郡庁）・正倉院には二時期の建替えがある。南に政庁、北西側に正倉院、政庁東方に厨と館が推定される。長良川の河川交通を利用する津も存在したはずである。西に七世紀後期寺院の弥勒寺跡があり、さらにその西側に墨書土器が多く出土した祭祀《さいし》遺跡の弥勒寺西遺跡があり、これらを弥勒寺遺跡群としてとらえられる。また、一体となる後期古墳も近くに位置する。壬申の乱で天武天皇側の舎人として活躍した地方豪族の在地として、評家《ひょうけ》と寺院の造営、そして郡家への展開が理解できる。

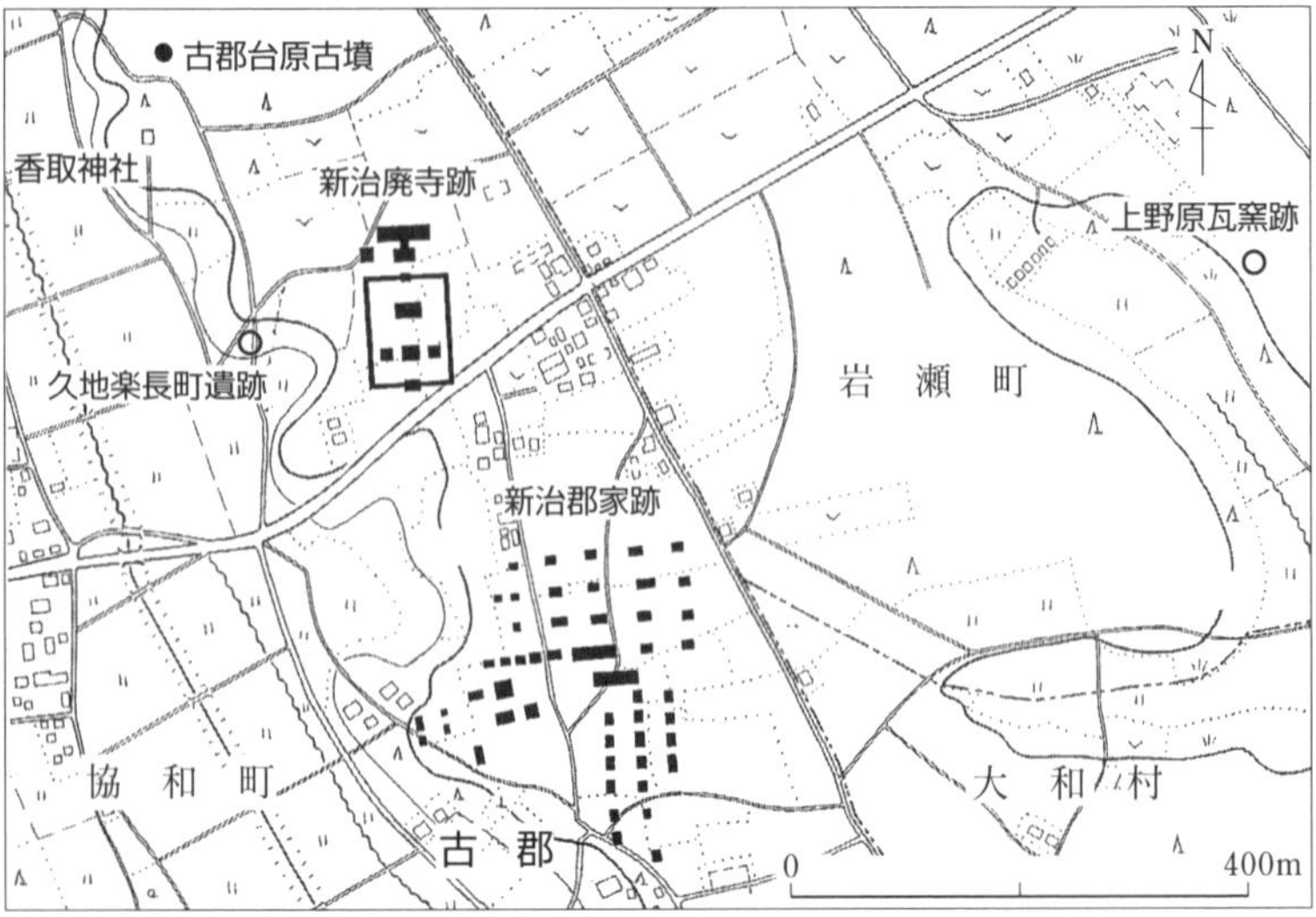

●──常陸国新治郡家（新治郡衙跡，茨城県筑西市。奈良文化財研究所『古代の官衙遺跡Ⅱ』による）

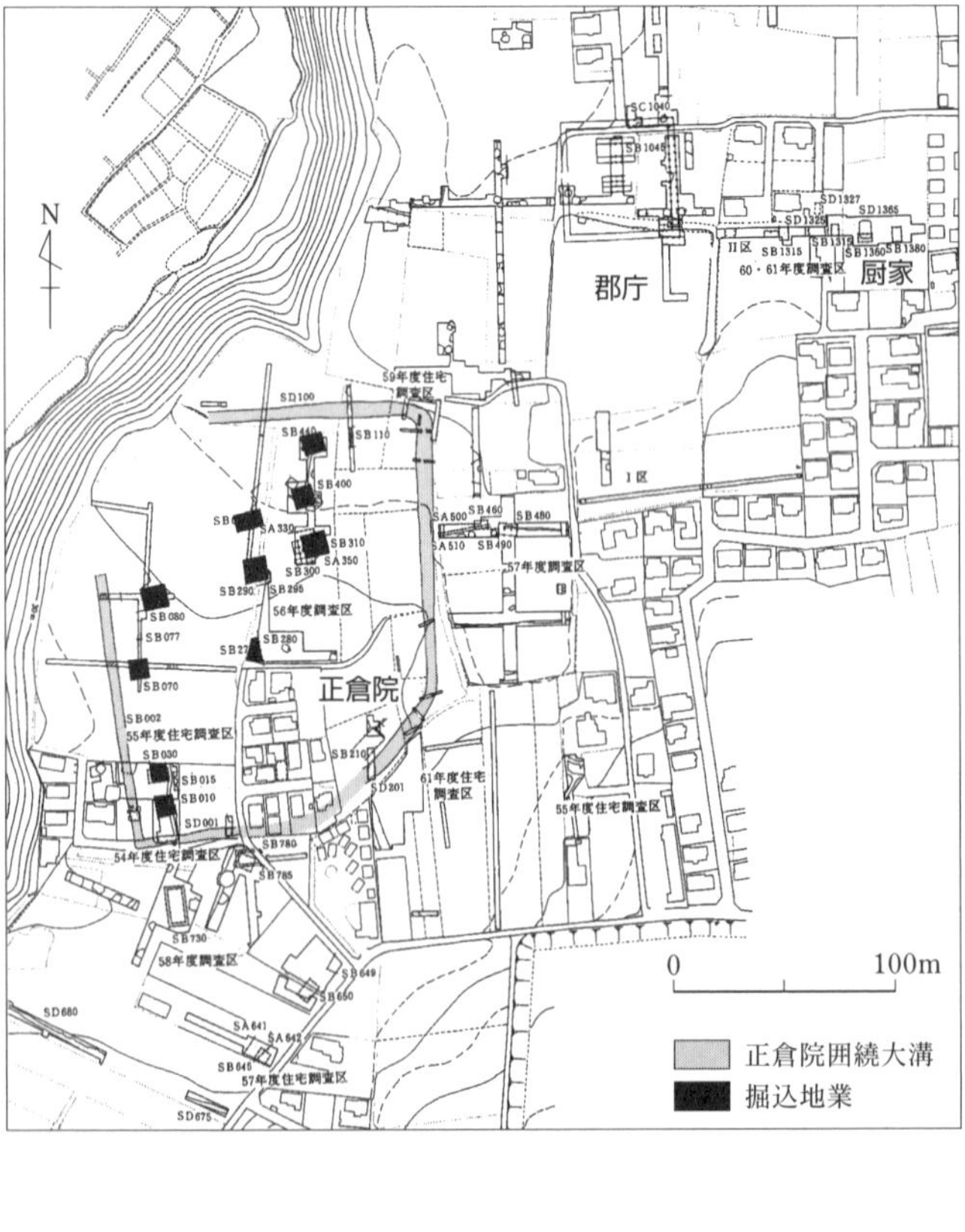

●──常陸国鹿島郡家（神野向遺跡、茨城県鹿嶋市。奈良文化財研究所『古代の官衙遺跡Ⅰ』による）

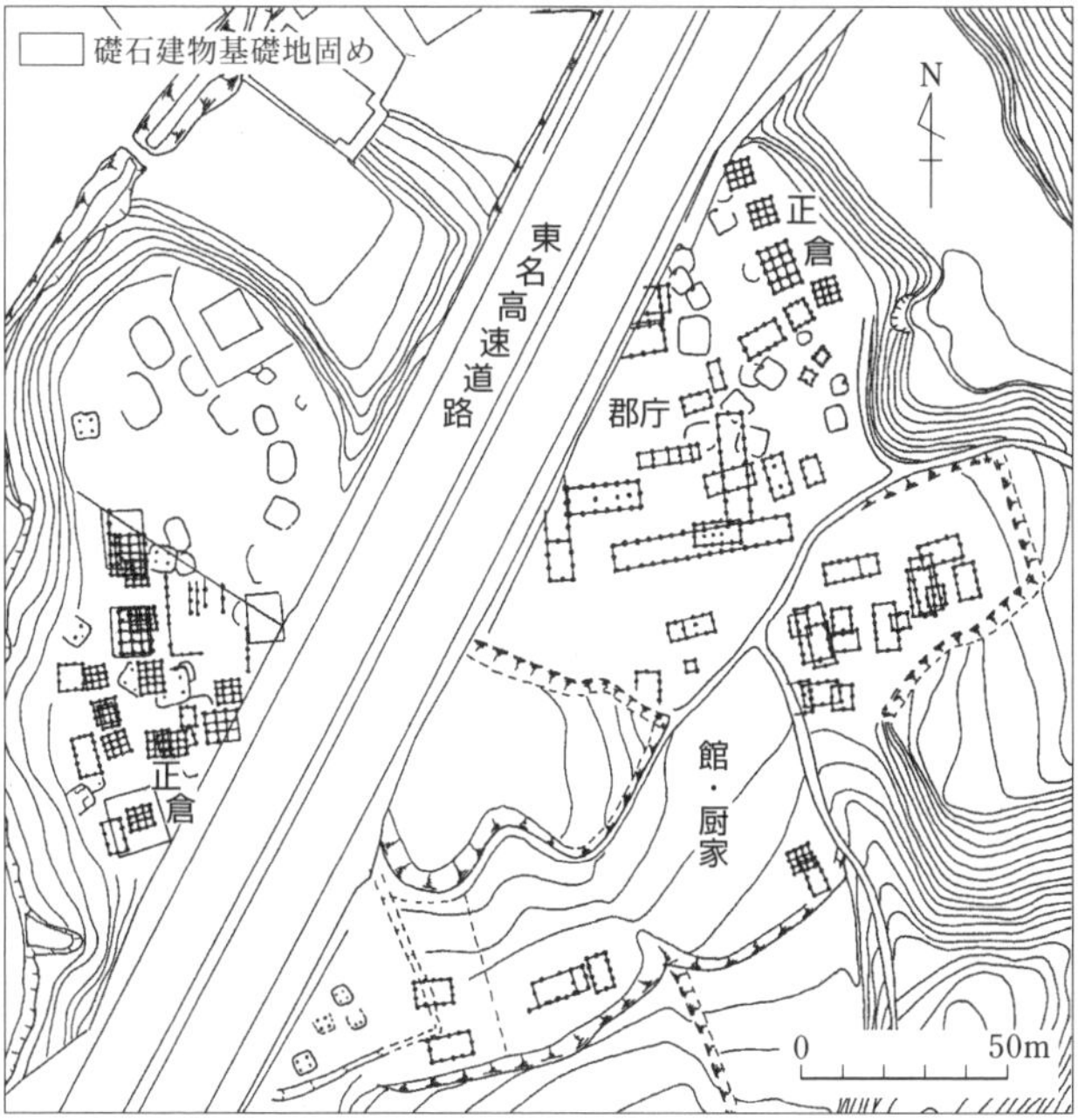

●—武蔵国都筑郡家(長者原遺跡，横浜市。奈良文化財研究所『古代の官衙遺跡Ⅰ』による)

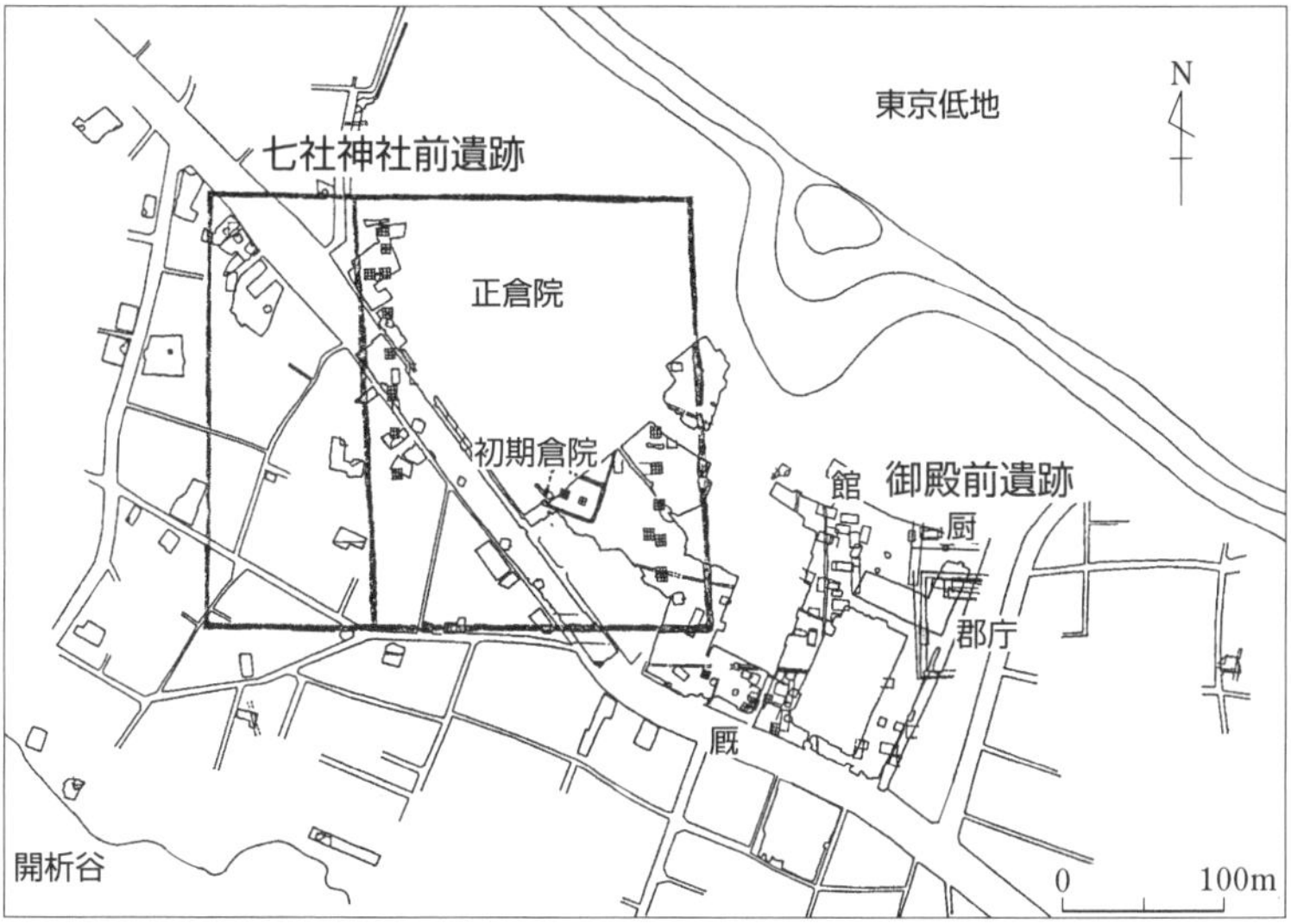

●—武蔵国豊島郡家(御殿前遺跡・七社神社前遺跡，東京都北区。埼玉県考古学会『坂東の古代官衙と人々の交流』による)

下野国那須郡家（那須官衙遺跡、栃木県那須郡那珂川町）

西に正倉院、東に郡庁院がそれぞれ区画施設のなかに位置する。正倉院のなかでは、八世紀代に一棟だけ破格に大規模な瓦葺《かわらぶ》きの倉庫が営まれている。古代道路がとおっており、北方には七世紀代創建の古代寺院浄法寺《じょうほうじ》跡が存在する。

陸奥国白河郡家（関和久官衙遺跡、福島県西白河郡泉崎村）

陸奥国白河郡家は、河川に面した沖積地と微高地とを取り込み、大溝に囲まれて倉庫群が列立する正倉院が確認され、微高地上に郡庁も推定されている。近くにやはり古代寺院借宿廃寺《かりやどはいじ》が存在する。

陸奥国加美郡家（東山官衙遺跡、宮城県加美郡加美町）

台地上に営まれ、南から谷筋をのぼる道路の西側に正倉院、東に郡庁が配置されている。台地南方の低地に壇《だん》の越《こし》遺跡がみつかり、方格《ほうかく》状に道路が走る街区域と、そのなかに位置する邸宅群が確認されており、八世紀代の郡家にともなう都市域の発見として注目される。

筑後国御原郡家（小郡官衙遺跡、福岡県小郡市）

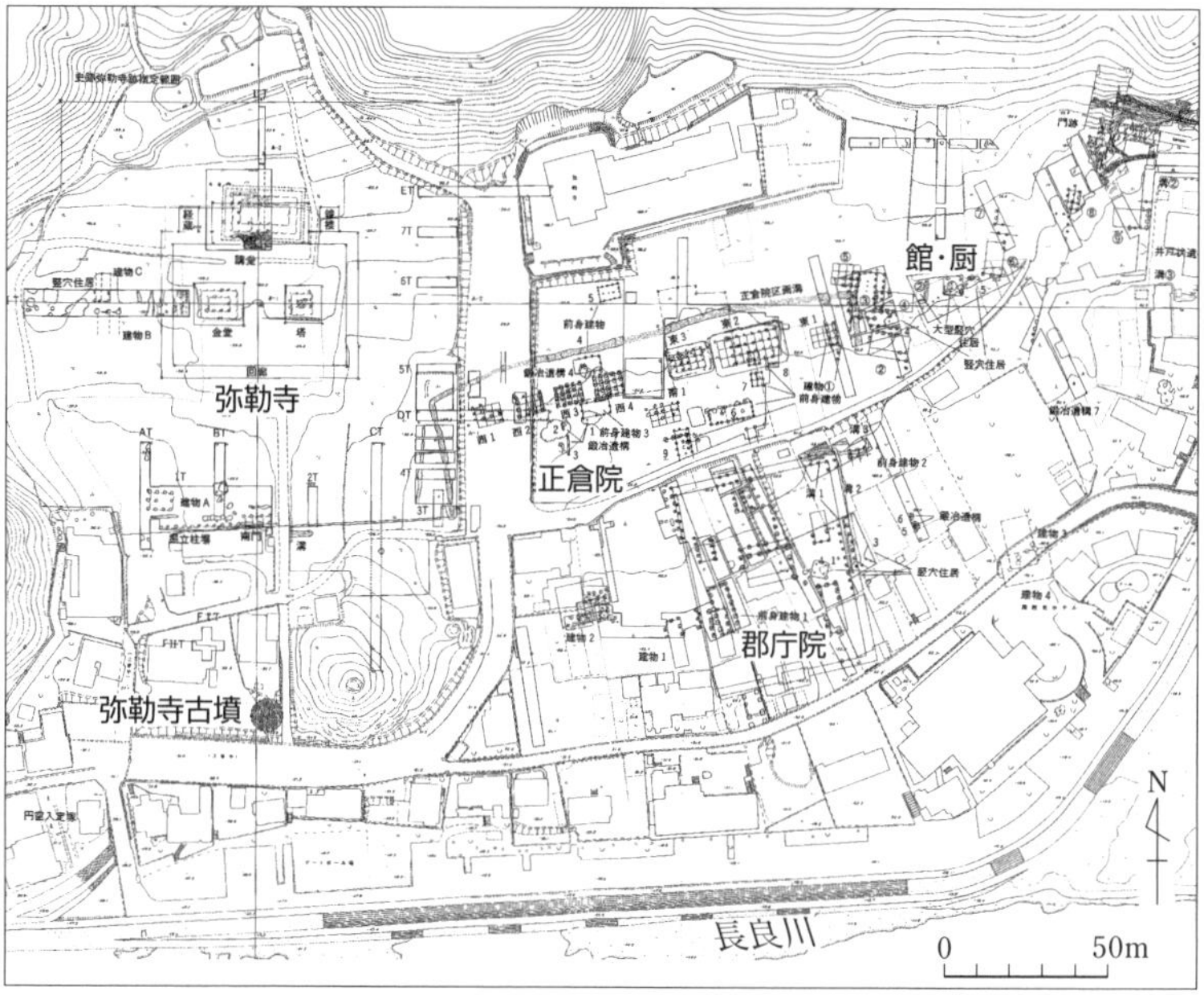

●──美濃国武義郡家(弥勒寺遺跡群，岐阜県関市。関市教育委員会『美濃国武義郡衙弥勒寺東遺跡』による)

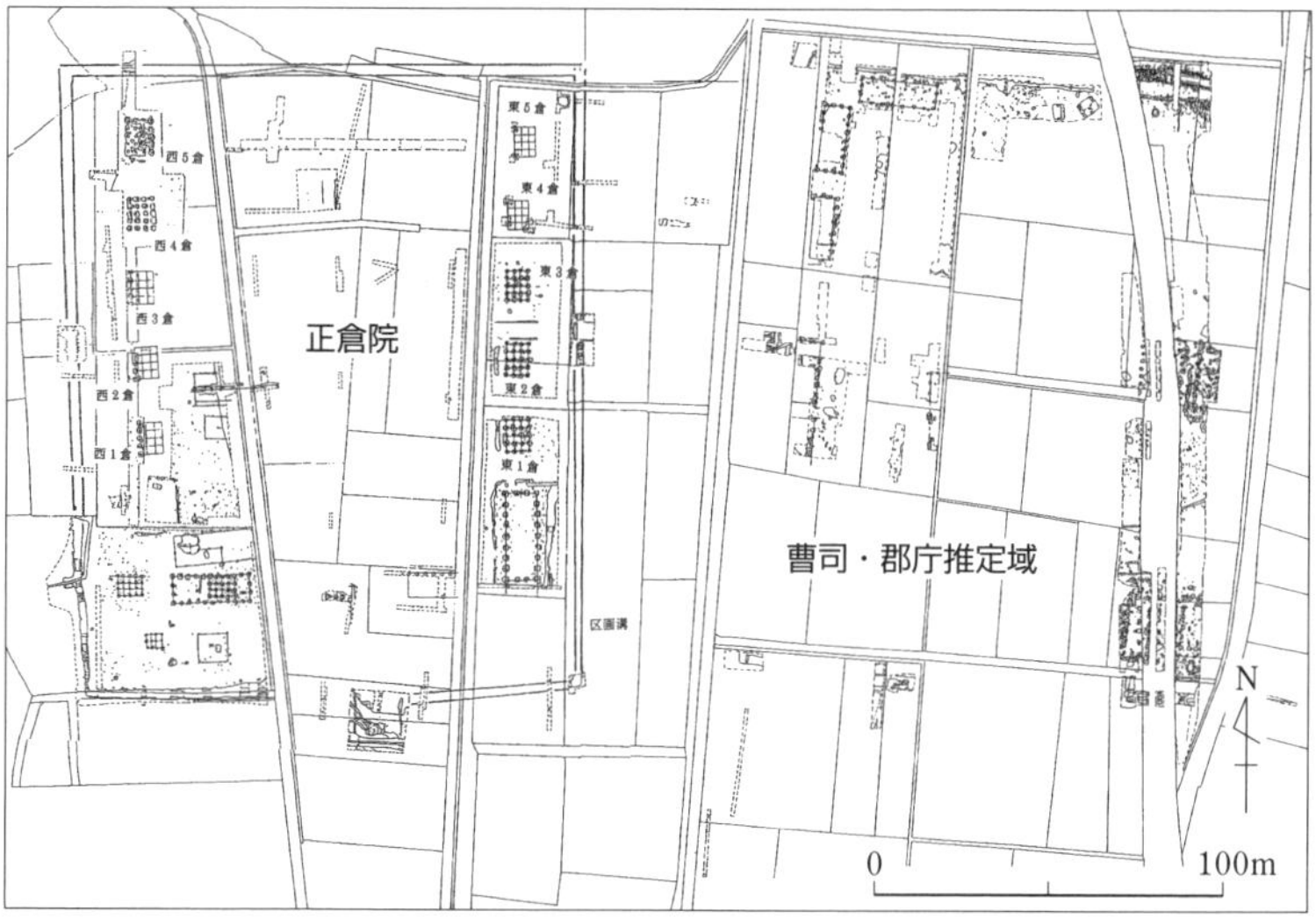

●──筑後国御原郡家(下高橋官衙遺跡，福岡県三井郡大刀洗町。奈良文化財研究所『古代の官衙遺跡Ⅱ』による)

小郡官衙遺跡では、七世紀後半から八世紀にかけての官衙遺跡が重複している。七世紀末〜八世紀前半には方位を斜めにして政庁・正倉院・雑舎があり、八世紀中〜後半には東西・南北正方位で配置しなおされている。前者の政庁の北側に倉庫群が列立する正倉院があり、その北側には古代にも利用されたであろう湧水地が今も残る。ここでも焼米が分布し、後世に長者伝説▲が伝えられている。

なお、小郡官衙遺跡につづく時期の筑後国御原郡家と考えられる下高橋《しもたかはし》官衙遺跡(福岡県三井《みい》郡大刀洗《たちあらい》町)は、推定される南北道路の西側に正倉院、東側に郡庁・曹司が配置されている。

▼**長者伝説**　稲穀を収納した正倉院の遺跡からは焼米・炭化米が出土することが多く、その地にはかつて裕福な長者が住んでいたとする伝説が生まれることがよくある。

郡寺

郡家は、郡司氏族が営んだと考えられる「郡寺《ぐんじ》」をしばしばともなっている。戦前に高井悌三郎によって常陸国新治郡家跡と新治廃寺跡(茨城県筑西市・桜川市)、そして瓦を焼いた上野原瓦窯《うえのはらがよう》跡がセットで調査された事例などは、郡家・郡司と仏教との結びつきを雄弁に物語る。とくに上野原瓦窯跡で生産され

●川原寺式軒瓦

▼**白村江の敗戦**　六六三年に、朝鮮半島南西部の錦江《きんこう》河口部で、倭《わ》・百済復興軍と唐《とう》・新羅軍とのあいだで戦われた海戦。倭の水軍が完敗し、百済復興軍は力を失った。

た新治廃寺の瓦に郷名を記した文字瓦がみられることは、郡司が寺院の造営をとおして郡内の精神的統合と支配の拡充をめざしたことをうかがわせる。

美濃国武義郡家（評家）の弥勒寺東遺跡は、礎石が残る白鳳《はくほう》寺院の弥勒寺跡のすぐ東に一体として存在し、さらに弥勒寺跡の西隣に祭祀遺跡である弥勒寺西遺跡もみつかって、弥勒寺遺跡群としてとらえられる複合的な官衙遺跡である。七世紀後期に評家とセットで存在した弥勒寺は、六七二年の壬申の乱で天武天皇の舎人として活躍した武義郡司氏族を顕彰するかのように中央の川原寺《かわらでら》式軒《のき》瓦《がわら》の文様と技術が導入されており、中央との深い結びつきを支配のテコとした郡司氏族を象徴する性格をもったと考えられる。

『日本霊異記《にほんりょういき》』の説話（上巻第七）には、六六三（天智二）年の白村江《はくそんこう》の敗戦▲から帰国した備後《びんご》国三谷《みたに》郡郡司の祖先の地方豪族が、出征のときに「無事に帰国できたら諸神祇《じんぎ》のために伽藍《がらん》を造立する」と誓願したことを受けて、百済《くだら》人の僧弘済《ぐさい》を招いてともに帰郷し、立派な伽藍をもつ三谷寺を建てたという話がある。その際、百済僧弘済は、仏像をつくる資材を求めるため飛鳥《あすか》の都《みやこ》の市《いち》に出向いて「金丹などの物」を購入し、難波津《なにわづ》から船出して瀬戸内海を備後国まで戻っている。七世紀の地方豪族が、百済の先進技術を直接的に導入し、中央の市場で資材を調達する財力や中央との交流関係をもっていたこと、そして早くから仏教を受容していたことは注目される。この「三谷寺」は、発掘調査によって備後寺町《てらまち》廃寺（広島県三次《みよし》市）のことであることが明らかになっている。寺町廃寺は、備後地方において下端に「水切り」の突起をもつ百済系文様の軒丸瓦《のきまるがわら》が分布する中心となっており、「多くの諸寺を超越して、僧侶も俗人も、ともに信仰心をもってあおいだ」と伝える『日本霊異記』▲の記載が裏づけられるのである。

寺院の造営は、地方豪族にとって信仰だけの問題ではなく、先進的な知識・技術の導入であり、多様な生産技術を編成することによって政治的・経済的な地盤強化をはかることがめざされたといえる。郡名をもつ「三谷寺」は、郡司氏族の氏寺的性格が推定されるとともに、寺院の造営や仏教信仰をとおして郡内支配を強化しようとする郡司の意図を象徴している。

正倉院

正倉院は、国家的な倉庫である正倉が多数列をなして立ちならび、溝などの

▼『日本霊異記』　二一ページ参照。

▼「越中国官倉納穀交替記」　九一〇（延喜《えんぎ》十）年ころ越中国の国司《こくし》交替の際に正倉ごとの収納物引継ぎのために作成された公文書。正倉の実態、不動穀《ふどうこく》の蓄積過程、郡司制度や地方行政監察のあり方がうかがえる。仏典の紙背文書として石山寺《いしやまでら》に伝来。

●武蔵国榛沢郡家の復元正倉院（中宿遺跡、埼玉県深谷市）

区画施設に取り囲まれて一院をなす倉庫群である。正倉は、一般集落の倉庫とは規模を異にする大きさをもつ総柱《そうばしら》建物で、しばしば八世紀後半に掘立柱建物から礎石建物に建てかえられている。「遠年の貯《たくわえ》」として田租《でんそ》の穀（籾殻付きの穀）をたくわえる不動倉《ふどうそう》は、都からの許可がなければ開けることはできず、国《こく》府《ふ》の財源として穎稲《えいとう》を出挙《すいこ》などで運用する動用倉《どうようそう》とは区別された。天平《てんぴょう》年間（七二九〜七四九）の諸国の正税帳《しょうぜいちょう》や、「越中《えっちゅう》国官倉納穀交替記《かんそうのうこくこうたいき》▲」「上野国交替実録帳」などの記載によって、正倉が列立するようすが知られる。それによれば、個々の正倉は「東第一行の第三の甲倉《こうそう》」「南第二行の第一の板倉《いたくら》」などのように呼ばれ、中心となる広場（庭）からの方位と第何列の端から何番目かという配置で把握されていた。こうした倉の呼び方と正倉院の構造は、たとえば下総国相馬《そうま》郡家の正倉院（日秀西《ひびりにし》遺跡、千葉県我孫子《あびこ》市）や常陸国新治郡家の遺跡図をみれば、すぐに理解できる。個々の倉庫については、武蔵国榛沢《はんざわ》郡家正倉院（中宿《なかじゅく》遺跡、埼玉県深谷《ふかや》市）の校倉《あぜくら》のように、復元された建物によって立体的にイメージすることができる。そして、前にみた八二二（弘仁十三）年閏九月二十日太政官符によれば、正倉院の管理にあたる役人として院別に郡雑任の税長がおかれていた。

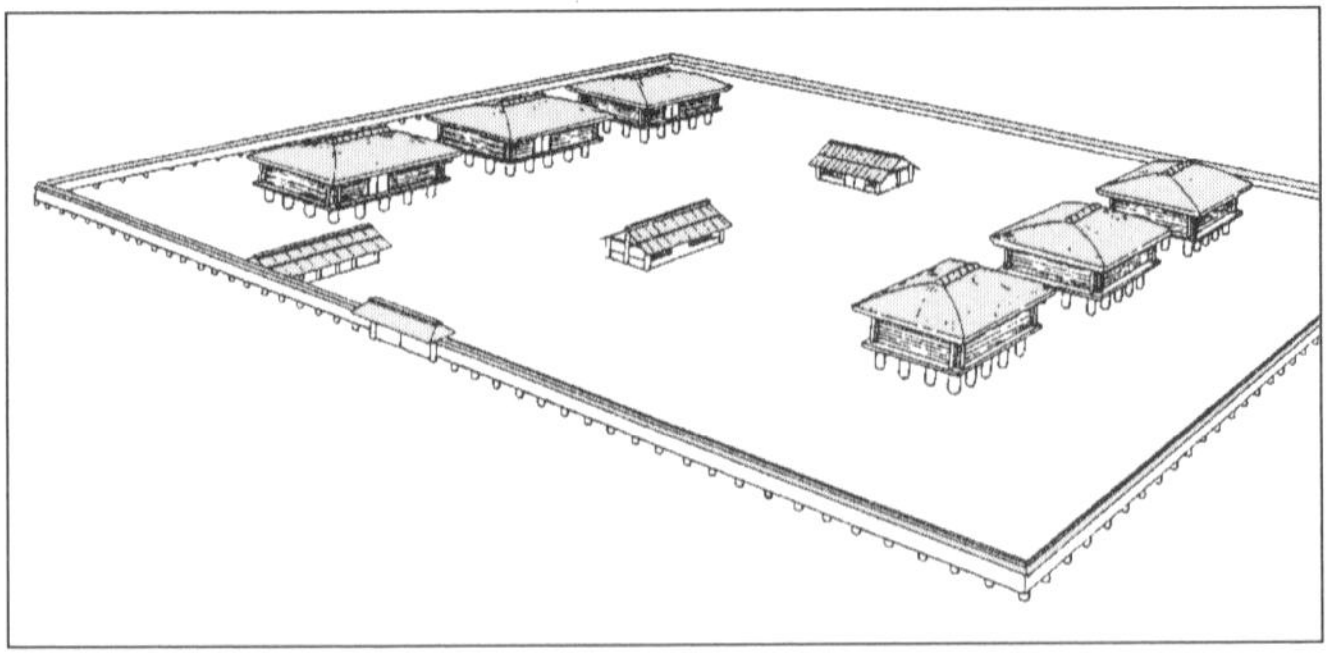

●出雲国意宇郡山代郷の正倉復元図（島根県松江市。永瀬優理原図）

『出雲国風土記《いずものくにふどき》』には、郷におかれた正倉院についての記載があり、国府・郡家だけでなく郷にも正倉院がおかれることがあった。出雲国山代郷《やましろごう》遺跡群の正倉跡（島根県松江市）の遺跡は、『出雲国風土記』に記載された意宇《おう》郡山代郷の正倉院の存在を考古学的に明示した。列立する総柱の正倉建物群とともに、税長が詰めたであろう正倉院の管理事務所的な掘立柱建物も検出されている。そこでは焼米も出土し、後世の「長者伝説」をともなっている。

八世紀後期には、七九五（延暦《えんりゃく》十四）年閏七月十五日太政官符（『類聚三代格』）でいったん郷ごとに正倉院（郷倉）をおいて収納と火災対策上の便宜をはかろうとし、のち同年九月十七日太政官符（同）により、数郷ごとに正倉院をおく制に変更した。一郡内の地勢に応じて、正倉院は郡家の一カ所のみではなく複数あることもあったのである。郡家付属の正倉院から離れて運搬の便を考えて配置された正倉院としては、「上野国交替実録帳」にみられる群馬郡の「小野《おの》院」「八《や》木《ぎ》院」のような例があり、院別におかれた税長が収納・保管などを担当した。

常陸国筑波《つくば》郡家の平沢《ひらさわ》官衙遺跡（茨城県つくば市）では、丘陵上を大きく占めて列立する倉庫群の全体像が取りまく外溝とともに明らかとなり、史跡整備に

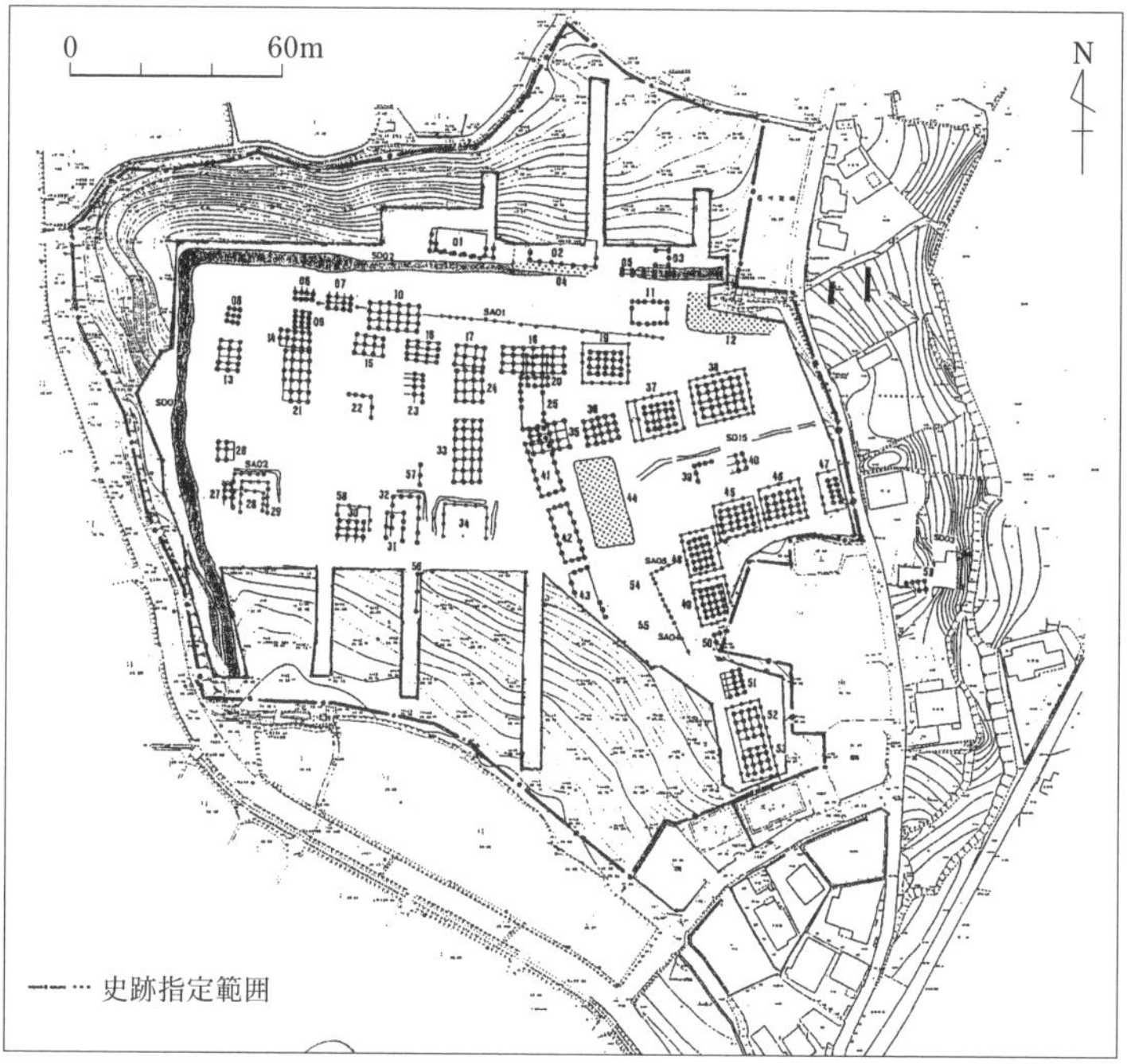

●—常陸国筑波郡家(平沢官衙遺跡，茨城県つくば市。奈良文化財研究所『古代の官衙遺跡Ⅰ』による)

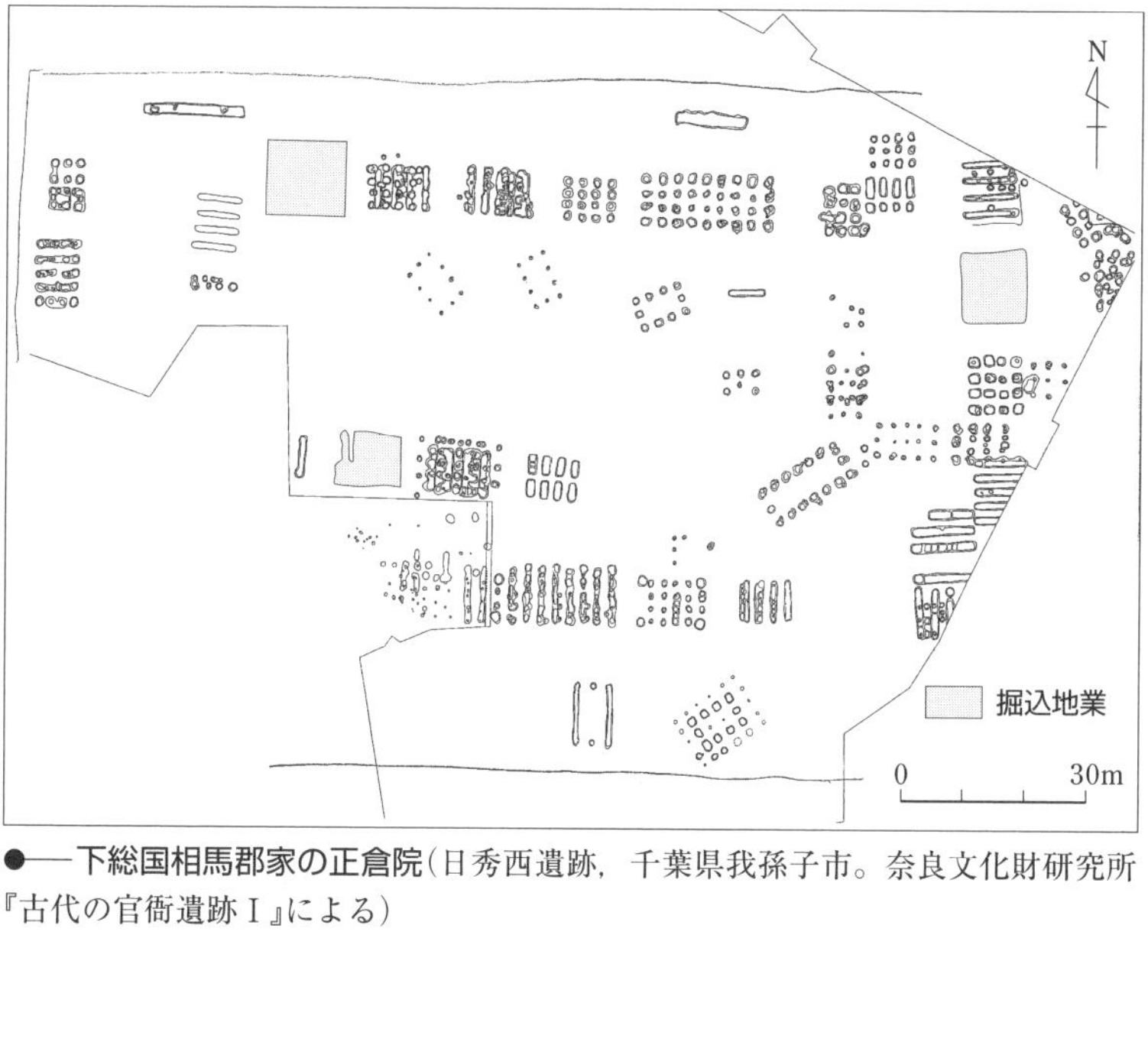

●—下総国相馬郡家の正倉院(日秀西遺跡，千葉県我孫子市。奈良文化財研究所『古代の官衙遺跡Ⅰ』による)

●—常陸国筑波郡家の復元正倉群（平沢官衙遺跡、茨城県つくば市）

よって正倉建物群の配置が明示され、三棟の正倉が復元されて、正倉院の立体的なイメージがうかがえるようになった。低地を隔てた西側には中台《なかだい》廃寺が知られて、筑波郡家にともなう郡寺と考えられている。筑波郡司氏族の壬生直《みぶのあたい》氏からは、称徳《しょうとく》天皇側近の采女として五位以上の貴族に出世し本国の国造《くにのみやつこ》にも任じられた女性壬生直小宅主女《こやかぬしめ》がでている。仏教を篤く信仰した称徳天皇と、中台廃寺で仏教信仰を身につけて育った筑波郡司氏族出身の采女との結びつきが推測できる。

　上野国佐位《さい》郡の三軒家《さんげんや》遺跡（群馬県伊勢崎《いせさき》市）は、佐位郡家の正倉院の遺跡である。東山道《とうさんどう》が近くをとおり、すぐ北に上植木《かみうえき》廃寺が位置する地に、群をなして東西棟で列立する倉庫群が明らかになった。そのなかに東西六間・南北五間の立派な八角形の総柱高床《たかゆか》倉庫建物がみつかり、これが十一世紀の「上野国交替実録帳」にみられる「第一八面甲倉壱宇」と符合する。この八角形の校倉倉庫は、八世紀後半ころ掘立柱建物から礎石建物へと建てかえられていた。ちょうどその時期は、佐位郡司氏族出身の采女檜前部老刀自《ひのくまべのおいとじ》がやはり称徳天皇側近の女官《にょかん》として出世し、七六七（神護景雲《じんごけいうん》元）年に佐位朝臣《あそん》と賜姓《しせい》され翌年国造に任じられた時期とも近い。ここでも、仏教を篤く信仰した称徳天皇と、上植木廃寺にみられる佐位郡司氏族の仏教信仰を身につけた采女との関係が推測されるのである。

郡家の出先機関

一つの郡内に、郡家遺跡だけではなく複数の地方官衙遺跡が併存する事例が知られるようになってきた。これらの遺跡には、郡家の出先機関とみられるものも含まれ、もともと一郡内の地方官衙が郡家一つに限られるものではないようすが明らかになってきている。

下野国河内《かわち》郡では、正倉群などの遺構が確認されてこれまで郡家と考えられてきた多功《たこう》遺跡（栃木県下野《しもつけ》市）とは別に、古代東山道に面して政庁・正倉院・雑舎を備えた郡家とみられる上神主《かみこうぬし》・茂原《もばら》官衙遺跡（栃木県宇都宮市・河内郡上《かみ》三川《のかわ》町）がみつかっている。上神主・茂原官衙遺跡にある瓦葺きの大規模な並び倉である正倉建築からは、二〇〇〇点を超える人名記載（ヘラ書き）の文字《もじ》瓦《がわら》が出土して、八世紀後半の河内郡の住民構成を示す史料として注目される。こ

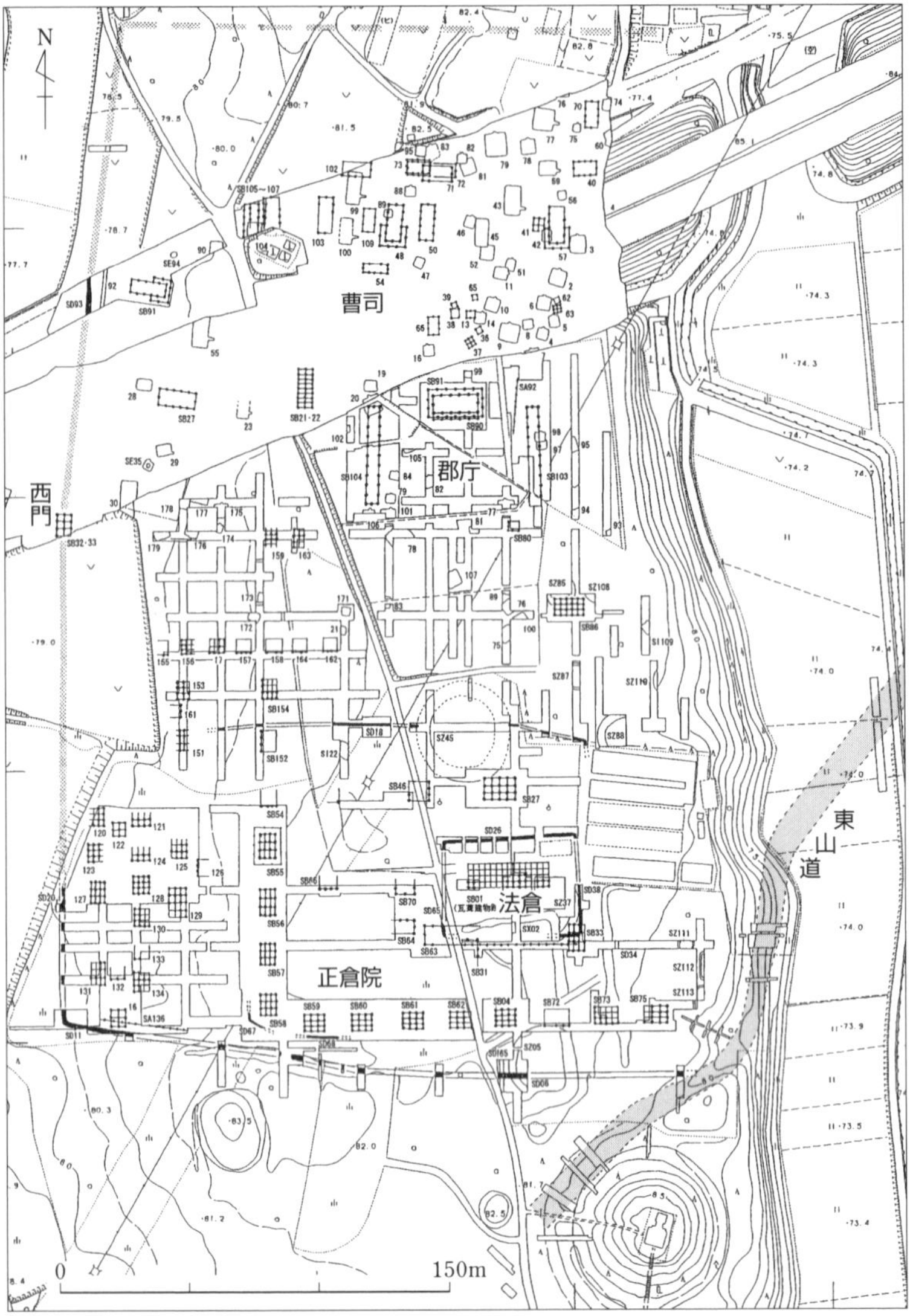

●—下野国河内郡家(上神主・茂原官衙遺跡，栃木県宇都宮市・河内郡上三川町。奈良文化財研究所『古代の官衙遺跡Ⅱ』による)

の遺跡の西方に位置する七世紀後半の官衙遺跡的な西下谷田《にししもやた》遺跡（宇都宮市）では、新羅《しらぎ》土器が出土して、下野に安置された新羅からの渡来人との関係が指摘される。この西下谷田遺跡から上神主・茂原官衙遺跡をへて多功遺跡へと郡家（評家）が移動した可能性もあるが、上神主・茂原官衙遺跡と多功遺跡とは併存した可能性もある。また、河内郡には七世紀後期に創建された国家的規模の寺院である下野薬師寺《やくしじ》があって、中央から造《ぞう》下野薬師寺別当《べっとう》や造寺の技術者が派遣されており、下野国司の管下に造下野薬師寺司《し》のような役所が現地におかれていたと考えられる。一郡内に、郡家、郡家の出先機関や国府の出先機関などが、役所として併存していた様相がうかがえるのである。

また、同じく下野国の芳賀《はが》郡でも、郡家と考えられてきた塔法田《とうほうだ》遺跡（栃木県真岡《もおか》市）や、郡家から離れた地におかれた正倉院である「郷倉」と考えられる中村《なかむら》遺跡（同）とは別に、郡域のはずれ近くの古代東山道沿いに、政庁・正倉院をもつ長者ケ平《ちょうじゃがだいら》遺跡（栃木県那須烏山《なすからすやま》市）がみつかっている。そのほか、因幡《いなば》国気多《けた》郡（鳥取県鳥取市）でも、郡家と推定される上原《かんばら》遺跡とは別に戸島《とじま》遺跡・馬場《ばば》遺跡などの官衙遺跡が併存し、筑前国御原《みはら》郡（福岡県小郡市）でも、郡家と

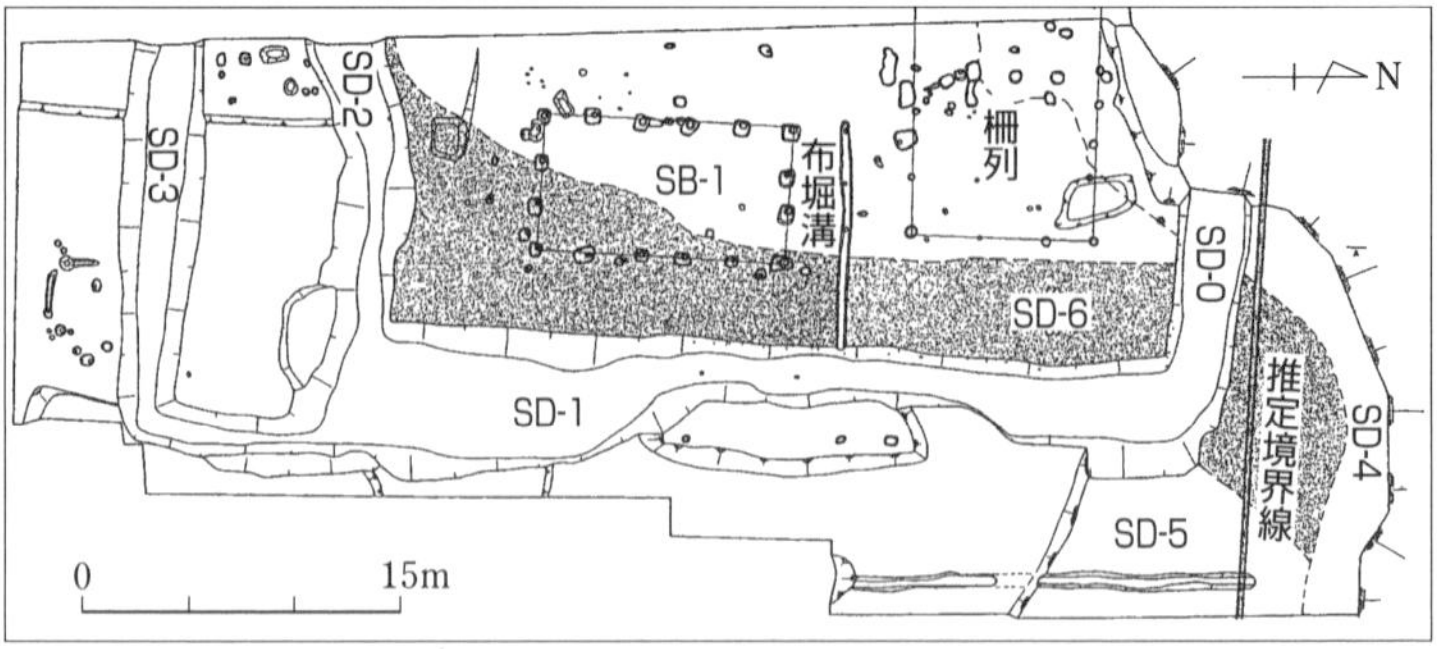

●──**山垣遺跡**（兵庫県丹波市。奈良文化財研究所『古代の官衙遺跡Ⅱ』による）

思われる小郡官衙遺跡・下高橋官衙遺跡以外にも井上薬師堂《いのうえやくしどう》遺跡・上岩田《かみいわた》遺跡などが併存している。郡家とは別に、郡家の出先機関ともいえる官衙遺跡が郡内に複数存在しても不思議ではない状況になってきたのである。

島根県出雲市斐川《ひかわ》町の青木《あおき》遺跡は、古代の出雲国出雲郡の郡家と考えられる後谷《うしろだに》V遺跡（島根県出雲市斐川町）とは古代斐伊《ひい》川をはさんだ島根半島側の北山南麓に位置し、斐伊川・宍道湖《しんじこ》の東西水上交通と出雲郡家から北上する南北陸上交通の交点に位置する遺跡である。青木遺跡からは、出雲郡の伊努《いの》郷・美談《みたみ》郷両郷を示す「伊」「美」と負担者名のみを記載した荷札木簡群、「伊」「美」の郷名一字を記した墨書土器などが多数出土している。遺構として井戸祭祀遺構や、区画施設をもつ神社建築かと推測される掘立柱建物跡があり、遺物にも木製神像が出土するなど祭祀との結びつきも深い一方、近くに九世紀の優れた仏像群を伝える「大寺《おおでら》」の寺院が存在し、神仏混交の地方豪族の信仰のあり方がうかがえる。八世紀の天平年間（七二九〜七四九）の公文書的性格をもつ「売田券《ばいでんけん》」木《もっ》簡《かん》▲も出土しており、郡家の出先機関と推定される地方官衙遺跡の一部とみることができよう。この青木遺跡の場合も、宍道湖・斐伊川の南側にある出雲郡家から離れた、伊努郷・美談郷など北側の地域に位置する郡家出先機関である可能性がある。

　こうした、一つの郡の領域内に複数の官衙遺跡が併存するという状況は、伝統的な単一の郡司氏族が一元的に郡内支配を行っていたというよりも、複数の有力者からなる郡司層による郡司交替が頻繁に行われていたとする地方社会の構造分析と対応する。郡や郡司の世界も、多元的な構造をもっていたとみたほうが、より実状に近いのであろう。

郷家(里家)

　五〇戸《こ》で一郷(里)をなす郷▲(里)単位に郷家《ごうけ》(里家)と呼ばれる地方官衙がおかれたかどうかについては、否定・存在の両説があるが、これまでに確実に郷家と認められる遺跡はみつかっていない。

　丹波《たんば》国氷上《ひかみ》郡春部《かすかべ》里《り》(郷)に位置する八世紀初頭の山垣《やまがき》遺跡(兵庫県丹波市)は、郡家推定地とは別に春部里におかれた官衙遺跡といえる。氷上郡司が春部里長あてに発行した郡符木簡や、「春部里」「里長」などの墨書土器が、農耕用の木器

▼**「売田券」木簡**　田地の売買を証明する紙の公文書の一部を抄出した内容をもつ文書木簡。

▼**郷**　大宝令で郡の下におかれた五〇戸からなる「里」は、七一七(養老元)年ころに「郷」と表記されてその下に「里」(こざと)がおかれた。七四〇(天平十二)年ころには「こざと」がなくなり「郷」がその後ずっと続いた。

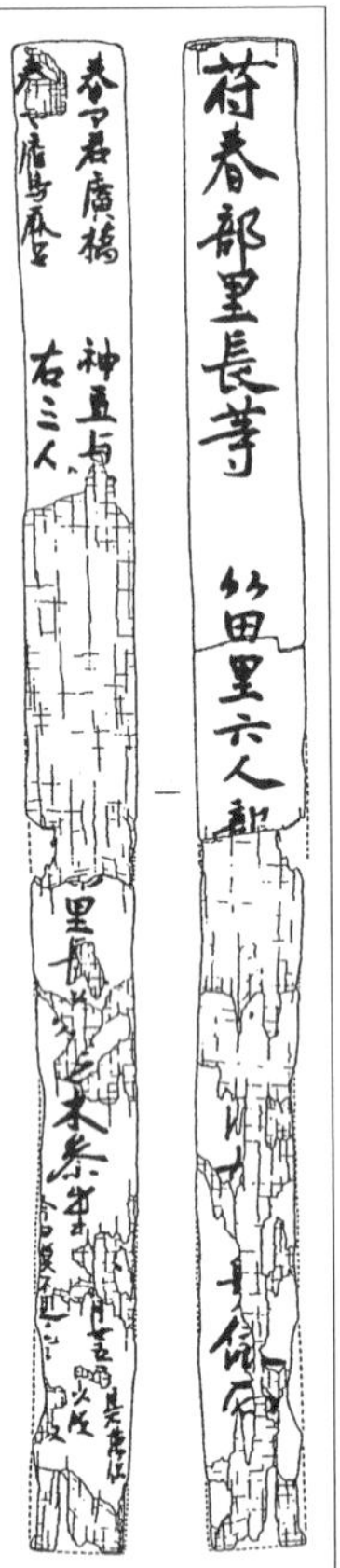

（表）符春部里長等　竹田里六人部　□□　□依而□

（裏）春マ君廣橋　神直与□　□［部カ］里長□□［弟足カ］木参出来　四月廿五日　碁萬侶
春マ鷹麻呂　右二人　今日莫不過急々　少領□

●──郡符木簡（山垣遺跡出土，奈良文化財研究所『古代の官衙遺跡Ⅱ』による）

（表）郡司符　青海郷事少丁高志君大虫　右人其正身率□

（裏）虫大郡向参朔告司□［身カ］率申賜
符到奉行　火急使高志君五百嶋
九月廿八日主帳丈部□

●──郡符木簡（八幡林官衙遺跡出土，和島村教育委員会『八幡林遺跡』1による）

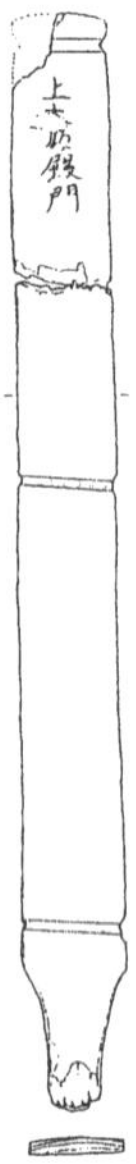

上大領殿門

●──封緘木簡（八幡林官衙遺跡出土，『同右』3による）

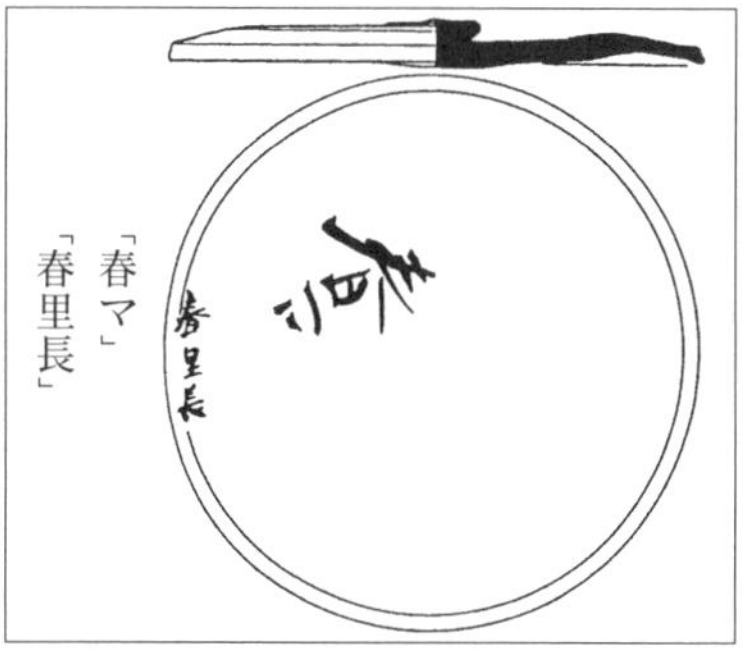

●―山垣遺跡出土墨書土器（奈良文化財研究所『古代の官衙遺跡Ⅱ』による）

▼**編戸**　戸主のもとに戸口など戸の範囲を定め、戸を編成すること。各戸の税負担者の均等化をはかるなど、戸は実際の家族そのままではなかった。その戸が五十戸集まった里（郷）も、実在の集落そのままではなかった。

などとともに出土している。この山垣遺跡の場合は、郡域内に中国山地の分水嶺があり瀬戸内海へ流れる河川と日本海に流れる河川の両方をもつ氷上郡において、郡家から離れた河川地域を担当する氷上郡家の出先機関として理解することができる。

もともと正倉院文書の下総《しもうさ》国戸籍などをみると、里長《りちょう》（郷長《ごうちょう》）には、必ずしも郷のなかでもっとも有力な戸《こ》の戸主が任じられているわけではない。戸（郷《ごう》戸《こ》）自身も、編戸《へんこ》▲によって人為的に区分された集団であり、実態としての大家族をそのまま意味するわけではない。こうしたことは、郷長が国家の末端地方行政の政庁として立派な郷家の施設を営んだわけではないことを示していよう。

今のところ、郷家（里家）についての確実な資料は、平城宮《へいじょうきゅう》跡の朱雀門《すざくもん》下層にある七世紀代の下ツ道《しもつみち》側溝から出土した墨書土器に、「五十戸家」という記載があることである。この墨書土器から、平城宮跡が営まれる以前に添評《そうのこおり》のもとにあった五十戸（里）に「五十戸家」（里家）がおかれ、奈良山をくだって奈良盆地にはいった交通の要衝地点で交通掌握を担当していたと推測することが可能となる。しかし、その地で官衙遺跡が確認されたわけではなく、すべての里

●──平城宮朱雀門下層出土「五十戸家」墨書土器

（郷）に官衙施設として郷家（里家）が営まれたとするのには、なお具体的な検討が必要であろう。正倉院における「郷倉」のように、郷（里）レベルに郡家の出先機関がおかれることもあり、郷独自の行政機構の存在については、なお検討を要する。

④─地方官衙と社会

郡符木簡と封緘木簡

八幡林官衙《はちまんばやしかんが》遺跡(新潟県長岡《ながおか》市)は、越後国古志《えちごのくにこし》郡にある八世紀前葉から九世紀前葉にかけての地方官衙遺跡で、とくに八世紀前葉の郡符木簡《ぐんぷもっかん》や多くの封緘《ふうかん》木簡が出土したことで知られる(八二ページ図参照)。

◇八幡林官衙遺跡出土一号木簡

(表)郡司符　青海郷事少丁高志君大虫　右人其正身率□

(裏)虫大郡向参朔告司[身カ]□率申賜　符到奉行　火急使高志君五百嶋
九月廿八日主帳丈部□□

〔縦五八四ミリ×横三四ミリ×厚五ミリ　〇一一型式〕

これは、蒲原郡司《かんばらぐんじ》が郡内の少丁《しょうてい》に国府《こくふ》での告朔《こうさく》の儀式に参加して報告を行うことを命じた文書木簡であり、同時に通行証(「過所《かしょ》」)としての機能をあわせもった木簡である。青海《おうみ》郷の少丁高志君大虫《こしのきみおおむし》は、この郡符をもって頸城《くびき》郡にある越後国府の告朔の場に参加し、のち蒲原郡に帰る途中、となりの古志郡の八幡林官衙遺跡の地で通行証でもあったこの木簡が不要となり、廃棄されたと思われる。八世紀初めの越後国蒲原郡において、郡司から郡内の少丁に対する命令が、公式令《くしきりょう》の下達文書《かたつもんじょ》「符《ふ》」▲の書式による文書木簡を用いて伝達されていたのである。郡司による命令が文書で伝えられ、少丁の側も文書を理解する漢字能力をもっていたことがわかる。律令《りつりょう》の文書主義が辺要国《へんようこく》である越後にも早くからおよんでいたのであった。

ほかにも、多くの地方官衙・郡家《ぐうけ》遺跡から「郡(司)符……」と書き始める郡符木簡が出土してきている。その遺跡例は、荒田目《あったため》条里《じょうり》遺跡(福島県いわき市)・屋代《やしろ》遺跡群(長野県千曲《ちくま》市)・伊場《いば》遺跡(静岡県浜松《はままつ》市)・杉崎廃寺《すぎさきはいじ》(岐阜県飛騨《ひだ》市)・西河原《にしがわら》遺跡(滋賀県野洲《やす》市)・長岡京《ながおかきょう》跡(京都府向日《むこう》市)・山垣《やまがき》遺跡(兵庫県丹波《たんば》市)などにおよび、全国的に、八世紀初めから、郡司が郡内に命令を伝える際に文書木簡を一般的に用いていたことを示している。

郡司には伝統的な地方豪族《ごうぞく》が任じられたから、その伝統的支配権により郡内への命令は使者による口頭伝達でも十分なはずであるが、律令制の文書主義に従い「符」の公文書の書式にならって郡符木簡が作成・利用されたところに、行

▼**符**　古代に、上級官司が下級官司に命令を下達するときの公文書が「符」で、律令の編目の一つである公式令のなかの符式条によって書式が定められている。

政組織としての郡司・郡家の特徴をみることができよう。そして郡符木簡を受け取る里長《りちょう》（郷長《ごうちょう》）や郡雑任《ぐんぞうにん》の側にも、文書を理解する能力が備わっていたはずであることが、律令制以前とは異なる地方における漢字受容の状況といえよう。

陸奥《むつ》国磐城《いわき》郡家の根岸《ねぎし》遺跡（福島県いわき市）に近い沖積地に位置する荒田目条里遺跡からは、九世紀半ばころに、郡司が配下の津長《つちょう》あてにだした郡符木簡が出土している。

◇荒田目条里遺跡出土木簡

郡符□立屋津長伴マ福麿　可□召⌐
右為客料充遣召如件長宣承⌐　〔(二三〇)×四二×三　〇一九型式〕

これは、太平洋の海上交通と夏井《なつい》川の河川交通との交点にあたる夏井川河口部の立屋の地におかれた郡津《ぐんつ》の「立屋津」を管理する津長あてに、磐城郡司が客人のための船の漕ぎ手などを招集させた命令書である。夏井川河口近くの丘陵上に位置する根岸遺跡では、正倉院《しょうそういん》や郡司の居宅と推定される遺跡がみつかっており、近くに郡寺の夏井廃寺のほか、大国魂《おおくにたま》神社や甲塚《かぶとづか》古墳も存在するが、郡津も営まれて郡司が水上交通も管轄していたことがうかがえる。磐城郡家は、水上交通だけでなく浜通りの陸上交通をも踏まえていたと思われるが、同様な性格を、陸奥国行方《なめかた》郡家であり泉《いずみ》廃寺をともなう泉廃寺遺跡（福島県南相馬《みなみそうま》市）にもみることができる。

さきの八幡林官衙遺跡からは、つぎのような封緘木簡も多数出土している。

◇八幡林官衙遺跡三二号木簡（八二ページ図参照）

上大領殿門　〔三八五×三六×六　〇四三型式〕

◇八幡林官衙遺跡三四号木簡

上郡殿門　〔（一八二）×（二一）×三　〇四三型式〕

これらは、長方形の材の下端を羽子板の柄状に整形し、上部の左右に一〜三カ所の切欠きをもつ形態をもち、あて先や「封」字を記載する封緘木簡であり、二枚で紙の文書を挟んでヒモをかけて封じ、掲げる機能をもった。これまでに平城京《へいじょうきょう》の長屋王家《ながやおおけ》木簡▲・二条大路《にじょうおおじ》木簡▲や大宰府《だざいふ》跡のほかに八幡林官衙遺跡・山垣遺跡・郡山《こおりやま》遺跡（宮城県仙台市）など各地の地方官衙遺跡から出土して、広範に利用されていたことがわかった。八幡林官衙遺跡のように、郡司あての封緘木簡が存在することは、郡司より下位のクラスの人びとが郡司に向けて紙の

▼**長屋王家木簡**　平城京左京《さきょう》三条二坊一・二・七・八坪の約五万五〇〇〇平方メートルを占めた奈良時代前期の邸宅から出土した、約三万五〇〇〇点の木簡群。長屋王や正室の吉備内親王《きびないしんのう》が住んだ邸宅であり、長屋王家の生活、家政運営、邸宅で働く諸種の人びと、そして王家の経済的基盤などを知ることができる。

▼**二条大路木簡**　平城京左京三条二坊の長屋王邸宅の北を走る二条大路に掘られた溝から出土した木簡群。北の左京二条二坊にあった藤原麻呂《ふじわらのまろ》の邸宅に関連した木簡を含む。

文書をしばしば送付していたことを示している。しかも彼らは、紙の書状を封緘する書札礼《しょさつれい》をわきまえていた。八世紀前半の越後国古志郡において、郡司より下のレベルにまで律令官僚制の文書主義が浸透していたことを示すのである。

地方官衙と神・仏

古代地方官衙は、中央の国家と同様に、神祇《じんぎ》・祭祀《さいし》や仏教と深く結びついて存在した。古代国家は、高天原《たかまがはら》の天神世界から天下《あまくだ》ってきた皇祖神《こうそしん》(天皇の祖先神)を中心として地方の神々すなわち国つ神を編成した、天神《あまつかみ》・地祇の体系をつくりあげた。とくに、在地社会における信仰を国家的な神々の体系のもとに取り込んで位置づけることが、地方豪族の編成すなわち中央集権化と相応じて行われた。その様相は、『出雲国風土記《いずものくにふどき》』『常陸《ひたち》国風土記』などにうかがえる、在地の神々・信仰とそのうえに立つ天皇・皇祖神との関係にみることができる。地方官衙がもつ神祇・祭祀上の機能は、こうした在地信仰の統合を進めるうえで有効に機能したであろう。

国府では、国府にともなう神社が存在し、時代がくだると総社《そうじゃ》・六所《ろくしょ》神社・

国魂《くにたま》神社・印役《いんやく》社・一宮《いちのみや》などが、国府の近くに認められる。国司の職務として、国内の神々を祭祀したり神社を維持しその清浄を護ることがまず大事にされ、国司による地方神社への奉幣《ほうべい》も行われた。

地方官衙にともなって律令制的祭祀が導入され、国府近傍の水場などにおいて、人形《ひとがた》・斎串《ゆぐし》・土馬《どば》・人面墨書土器《じんめんぼくしょどき》などを用いた宮都と同様の祭祀遺物が出土する祭祀遺跡がみつかっている。但馬《たじま》国府（兵庫県豊岡《とよおか》市）にほど近い祢布ケ《にょうが》森《もり》遺跡（同市）や袴座《はかざ》遺跡（同市）では、斎串・人形などの木製祭祀具が大量に出土する水辺祭祀遺跡がみつかり、国府の官人たちの祓《はら》いの場であったとみられる。

国府自身と神祇・祭祀との関係としては、陸奥国府である多賀城《たがじょう》跡（宮城県多賀城市）の外郭南西隅の発掘調査で、「未申《ひつじさる》」（南西）の方角の悪疫を祓う攘災のための「百怪呪符《ひゃっかいじゅふ》」の呪符木簡▲が出土していることが指摘できる。

郡家と祭祀遺跡とが一体として存在する例も、信濃《しなの》国埴科《はにしな》郡家近くの屋代遺跡群（長野県千曲市）における水辺の祭祀などが知られる。常陸国鹿島《かしま》郡家（神野《かの》向《むかい》遺跡、茨城県鹿嶋《かしま》市）の郡庁院から出土した墨書土器に「神宮」「祝」などの文字

▼**呪符木簡**　願いをかなえるためのまじないに用いた木簡。道教《どうきょう》の影響を受けて、「日」「月」「口」「鬼」などの文字を組み合わせた秘文の符籙《ふろく》や、「急々如律令《きゅうきゅうにょりつりょう》」の呪句をもつものが多い。

がみられたのは、鹿島神宮の神郡《しんぐん》である鹿島郡の官衙として当然であろう。

また、国家仏教と称される古代の仏教と地方官衙との関係では、国家的要請を受けて、仏教や寺院が鎮護《ちんご》国家のうえで果たす一元的な宗教としての役割が、国司や郡司から期待された。

国府では、七四一(天平十三)年の聖武《しょうむ》天皇の詔《みことのり》により造営が始められた国分《こくぶん》寺《じ》が国府の近傍に立地し、「国の華《はな》」として伽藍《がらん》を誇ることになる。それ以前から、国府寺院とも呼ばれる寺院が国庁近くに位置することも知られている。また、大宝令《たいほうりょう》において、一国内の仏教・僧侶を統括する僧官として国師《こくし》がおかれたが、のちに完成する国分寺に居所を移すまで、国師の執務所は国府に営まれたであろう。

郡家は、郡司氏族《しぞく》の氏寺《うじでら》的性格をもつと思われる「郡寺《ぐんじ》」をしばしばともなっている。常陸国新治《にいばり》郡家跡が、新治廃寺《はいじ》跡(茨城県筑西《ちくせい》市・桜川《さくらがわ》市)や瓦を焼いた上野原《うえのはら》瓦窯《がよう》跡とセットで調査された事例は、郡家・郡司と仏教との結びつきを雄弁に物語っている。

国府と同様に郡家の場合も、郡家遺跡が寺院とセットであるばかりでなく、神祇・祭祀とも密接に結びついており、もともと地方豪族の信仰世界が神仏混交の状況にあったとみてよいと思われる。

美濃《みの》国武義《むぎ》郡家（評家）の弥勒寺《みろくじ》東《ひがし》遺跡（岐阜県関《せき》市）は、礎石《そせき》が残る白鳳《はくほう》寺院の弥勒寺跡のすぐ東に一体として存在するが、さらに弥勒寺跡西側の弥勒寺西遺跡において斎串など大量の木製祭祀具や墨書土器が出土し、水辺の祭祀が行われていたことが判明した。ここでは、地方官衙と寺院と祭祀遺跡の三者が一体であったとみられる。

武蔵《むさし》国幡羅《はら》郡家跡（埼玉県深谷《ふかや》市・熊谷《くまがや》市）でも、倉庫群のならぶ正倉院や官衙施設・館《たち》（幡羅遺跡）とともに、東側に伽藍の基壇《きだん》遺構がみつかった西別府《にしべっぷ》廃寺跡があり、さらにすぐ北側の段丘崖下の湧水地に、滑石《かっせき》製模造品▲が大量出土した西別府祭祀遺跡が、セットで存在している。

また青木《あおき》遺跡（島根県出雲市斐川《ひかわ》町）は、出雲国出雲郡家（後谷《うしろだに》Ｖ遺跡）の出先機関と推定される地方官衙遺跡の一部とみられる。この遺跡では、井戸祭祀遺構、神社建物かと推測される掘立柱《ほったてばしら》建物跡が検出され、小型の木製神像も出土して祭祀との結びつきがうかがえる。と同時に、近くに九世紀代の仏像群が現存

▼**滑石製模造品**　古墳時代を中心に、加工しやすい滑石を材料として、鏡・武器・工具などの器物のミニチュアの模造品をつくり、古墳の副葬や祭祀のために用いた。

する「大寺《おおでら》」と呼ばれる平安時代前期寺院があって、郡家の出先官衙においても仏教と神祇・祭祀が共存した様相がうかがえるのである。

さきにみた『日本霊異記《にほんりょういき》』（上巻第七）の、備後《びんご》国三谷《みたに》郡の郡司の先祖が、白村《はくそん》江《こう》の敗戦後に百済僧《くだらそう》を連れ帰って立派な三谷寺を造営したという説話でも、「郷土の神々たちのために寺院を建立する」と誓願したという、神・仏がいりまじった地方豪族の信仰世界がうかがえる。

これも上述したように、『常陸国風土記』の行方郡条によれば、行方郡家の立地は、沢地形のくぼみをわざわざ造成して、南門の場所に神聖な槻の大木が位置するように設計されていた。行方郡家が、在地社会の信仰を集めた大きな槻樹を南門の場所に取り込むように営まれたのである。

また、武蔵国入間《いるま》郡正倉の神火《じんか》事件に関する七七二（宝亀《ほうき》三）年十二月十九日太政官符《だじょうかんぷ》には、「郡家の西北角《すみ》に在る神」とか、「（崇神《たたりがみ》が）郡家内外にある雷神を引率して此《こ》の火災を発し……」などといった記載があり、郡家自体が神々の世界と密接していたことが明らかとなる。

地方豪族の立場からは、神祇・仏教の両方を動員して、郡内統治権の安定・

強化を精神的に追求したといえよう。神祇・祭祀や仏教が一体となっていた地方豪族の信仰のあり方が、地方官衙遺跡の遺構や遺物にも反映していると考えられる。

遺跡群としての地方官衙

古代地方官衙の遺跡は、これまで述べてきたように、多様な機能を担う諸組織の集合体・複合体としてとらえることができる。郡家レベルの地方官衙遺跡では、越後国古志郡家と関係が深い八幡林官衙遺跡が、一つの谷筋のなかで向かいあう下ノ西《しものにし》遺跡、そして少し時代がくだる門新《かどしん》遺跡などと一体として「八幡林官衙遺跡群」ととらえられるように、ある程度の領域の範囲に、地方官衙群や祭祀場や集落や交通路などが散在しながら密集するという状況こそが、地方官衙遺跡のあり方といってよいだろう。一定の広がりをもつ領域内において機能分散しつつ複合する官衙群配置というあり方こそが、古代地方官衙遺跡の特徴なのである。

地方官衙遺跡の複合性は、神・仏との関係でもみたような、美濃国武義郡家

▼**伊場遺跡**　静岡県浜松市にある古代地方官衙遺跡。運河とみられる大溝に面して掘立柱建物群がならび、七世紀代から平安時代までの木簡が出土した。木簡などから多様な官衙的機能を担ったことが知られた。

（弥勒寺東遺跡）が弥勒寺跡・弥勒寺西遺跡・丸山古窯跡《まるやまこよう》（岐阜県美濃市）や長良《ながら》川と一体で存在することや、武蔵国幡羅郡家跡が幡羅遺跡・西別府祭祀遺跡・西別府廃寺跡や陸上交通路・荒《あら》川などと一体でとらえられるように、遺跡群として把握すべきであろう。かつて調査された伊場《いば》遺跡▲（静岡県浜松《はままつ》市）も、郡家か駅家《うまや》か津《つ》か国府の出先か官衙名を特定しにくいことをもって遺跡保存の際に低く評価する見方があったけれども、今日の視点からは、立派な古代地方官衙遺跡群として把握しなおすことができる。

　国府全域を取り囲む外郭施設がみられないということも、こうした地方官衙遺跡の特徴と応じていよう。かつて「方八丁」「方四丁」などと推定されることのあった国府像は今日では考古学的に否定されている。国庁を中心として、曹司《そうし》（官舎）・国司館《こくしのたち》・正倉院や厨・駅家などの多様な遺跡群が散在しつつ複合するという国府の様相は、筑後《ちくご》国府跡（福岡県久留米《くるめ》市）などにみることができる。

　また、地方官衙遺跡の周辺地域も、地方官衙と地域社会との関係をみるうえで注目される。国府などの地方官衙の周辺に方格地割《ほうかくちわり》をともなう「都市域」が形成される事例が、陸奥国府である多賀城跡とその南西に位置する山王《さんのう》遺跡・白《しら》川橋《かわばし》遺跡(宮城県多賀城市)とのセットで指摘できる。多賀城政庁正殿《せいでん》に匹敵するような規模の建物や庭園の検出、優秀な遺物や木簡の出土によって、この「都市域」には国司館などが存在したと考えられ、地方官衙の周辺への広がりが把握できた。また、方格地割と建物群が確認された壇《だん》の越《こし》遺跡(宮城県加美《かみ》郡加美町)も、陸奥国賀美《かみ》郡家である東山《ひがしやま》官衙遺跡(同町)の南に近接して都市域が営まれた様相を示す。地方官衙に関連する都市域や周辺集落との関係では、武蔵国府関連遺跡(東京都府中《ふちゅう》市)でも国府周辺の調査が進められて、都市域の実像がしだいに明らかになっている。

地方官衙遺跡の形成と終焉

地方官衙は、中央集権的な律令官僚制が形成される過程で諸国において営まれた。七世紀半ばの孝徳《こうとく》天皇時代に評《こおり》が設置されてそれまで国造《くにのみやつこ》などであった地方豪族が評司《ひょうじ》(評造《こおりのみやつこ》、評督《こおりのかみ》・助督《こおりのすけ》)に任じられ、役所としての施設が必要となった。地方豪族である国造の支配拠点は、三《み》ツ《つ》寺《でら》遺跡(群馬県高崎市)などの古墳《こふん》時代の豪族居館であったと考えられるが、こうした豪族居館と画一的な

●——三ツ寺遺跡復元模型

構成の政庁をもつ地方官衙とのあいだには大きな隔たりがあり、豪族居館がそのまま地方官衙化したとはみられない。

　これまで五世紀代の倭《わ》王権に直属する大型倉庫群の遺跡として、難波宮《なにわのみや》下層遺跡（大阪市）・鳴滝《なるだき》遺跡（和歌山県和歌山市）・比恵《ひえ》遺跡（福岡市）・万行《まんぎょう》遺跡（石川県七尾《ななお》市）などが知られている。いずれも巨大な規模の掘立柱総柱《そうばしら》倉庫群が、列をなしたりカギの手状にならんでいる。地方におかれた倭王権の直轄地的なミヤケ（屯倉・官家）の倉庫群は、それらの遺跡と似た構造をとったと思われ、律令制下の国家的倉庫群としての正倉院は、そうしたミヤケの倉庫群のあり方を継承したと推定される。またミヤケには、倉庫群だけでなくミヤケ経営の管理施設として政所《まんどころ》的な役所がおかれたと思われ、倭の王権の直轄出先機関の役所としても機能したであろう。そうしたミヤケの役所のあり方が地方官衙へとつながっていくことも、想定可能ではあろう。ただし、各地のミヤケを現地で実質的に管掌したのは国造たちであり、こうしたミヤケの管理施設が七世紀半ばに評家《ひょうけ》へとつながるのか、八世紀初めに国府につながるのかなど、課題は残る。

久米《くめ》官衙遺跡群（愛媛県松山市）では、七世紀後期に創建された来住《きし》廃寺より以前の七世紀前半から久米官衙遺跡の政庁遺構がみられ、七世紀半ばには方格地割のなかに回廊《かいろう》状遺構などが配された久米官衙遺跡となり、さらに官衙と一体のものとして来住廃寺が成立したのち、八世紀に正倉院をもつ伊予《いよ》国久米郡家へと変遷したと考えられている。地方で七世紀前半の時期に正殿・脇殿《わきでん》などからなる官衙政庁が営まれるという知見ははじめてであり、今後の検討が期待されるが、ミヤケや部《べ》などと関係深い地に大王《だいおう》の王権に直結する官衙が営まれるような事例となろうか。久米官衙遺跡群のうち七世紀半ばの回廊状遺構をともなう官衙遺跡が、舒明《じょめい》天皇・斉明《さいめい》天皇の行宮《あんぐう》かと推測されるように、大王の直轄的な施設として官衙的構成の施設が営まれる可能性も考える必要がでてきた。

また、陸奥国において国府多賀城が八世紀前半に営まれる以前に先行する機能を果たした城柵《じょうさく》遺跡である郡山遺跡（仙台市）は、七世紀後半から八世紀前半にかけて二時期の施設が解明されている。Ⅰ期（藤原京《ふじわらきょう》相当期）は、方位を斜めにして、材木塀に囲まれた政庁・倉庫・雑舎などの区画が連結している。Ⅱ期

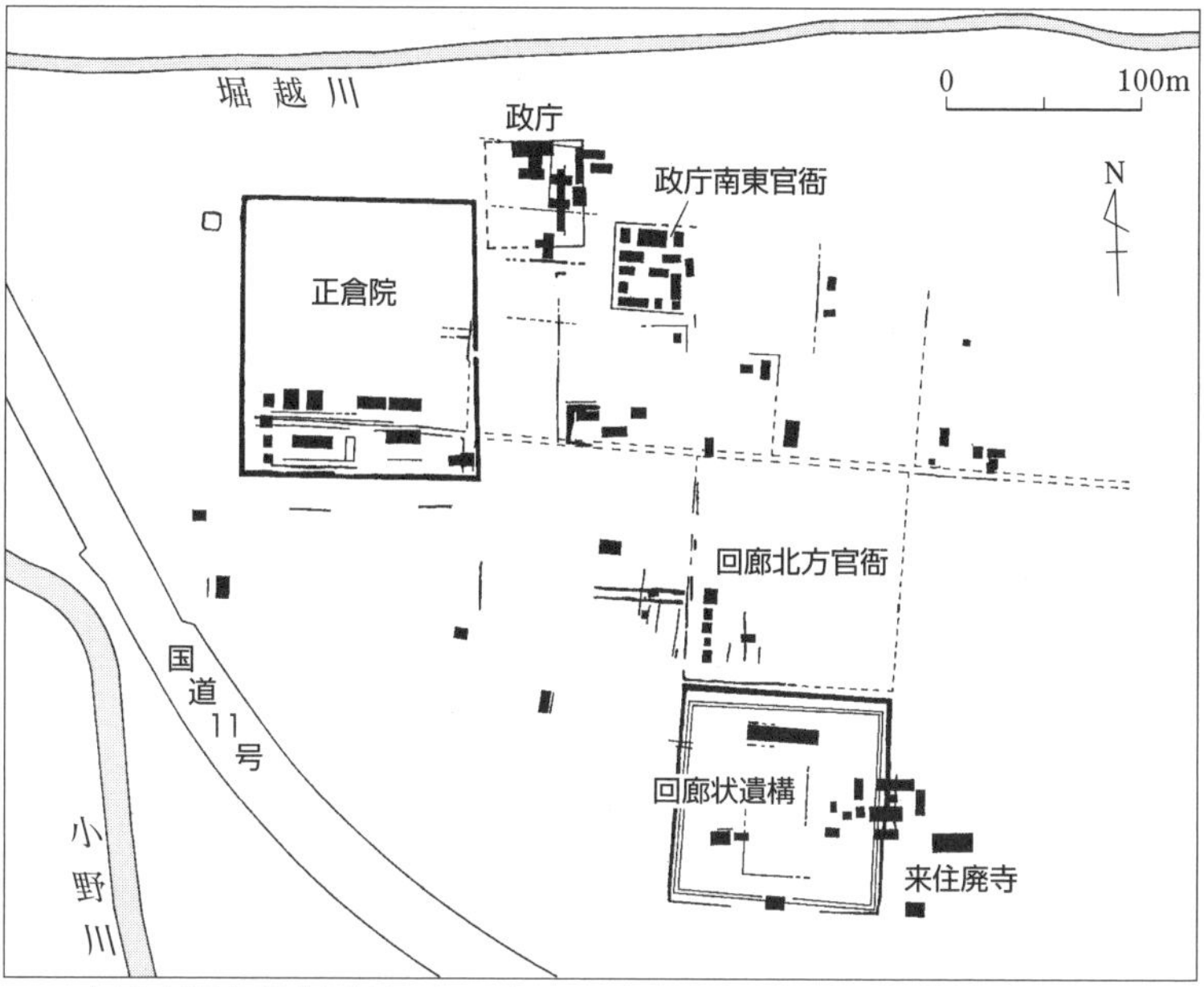

●―久米官衙遺跡群(愛媛県松山市。松山市教育委員会『史跡久米官衙遺跡群』による)

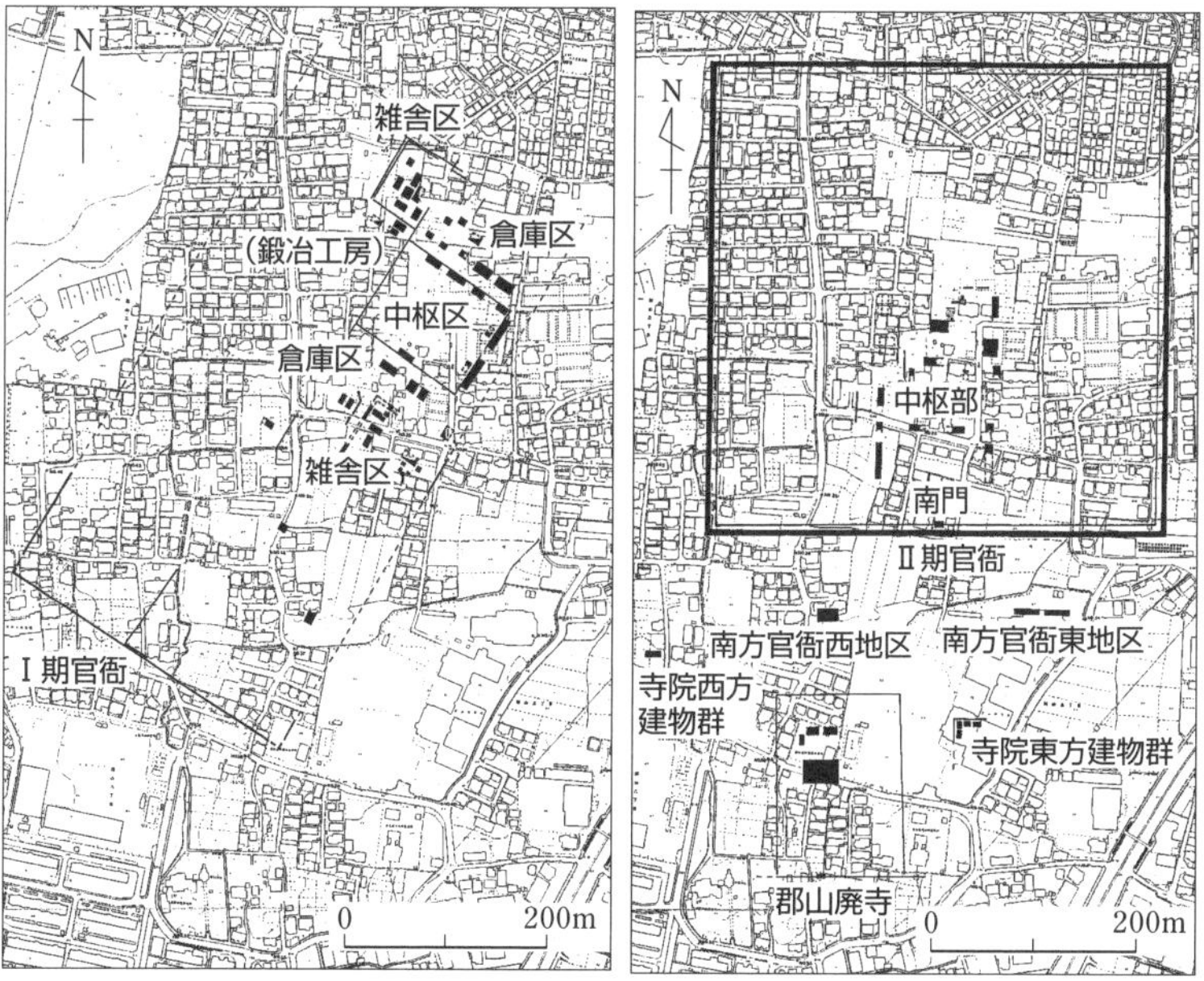

●―郡山遺跡(仙台市，左：Ⅰ期，右：Ⅱ期。奈良文化財研究所『古代の官衙遺跡』Ⅱによる)

は、南北方位にあわせた配置で、方四町の材木塀・大溝に囲まれた官衙遺跡とその南の郡山廃寺がセットになっている。美濃国武義郡家（弥勒寺東遺跡）や筑後国御原《みはら》郡家（小郡《おごおり》官衙遺跡、福岡県小郡市）でも、七世紀後半から八世紀初めにかけて、初め斜め方位をとった政庁・正倉院が八世紀には南北方位に改められている。七世紀代に地形にあわせて斜め方位で配置されることもあった地方官衙が、八世紀ごろには正南北の方位にそろえて営まれることになっていったといえよう。

一般には、七世紀後半から八世紀前半にかけて、地方官としての国司が国内に常駐するようになって地方官衙としての国府が八世紀初めに形成されていった。それ以前の七世紀代の国宰《こくさい》・国司は、地方の評司の評家（のちの郡家）に寄住したとも考えられる。出雲国府跡（島根県松江市）の国庁近くからは意宇《おう》評の「評」記載の七世紀木簡が出土しており、国府が国府所在郡の郡家に先行する評家の地に営まれたらしいことからも、評家を利用することもありえたであろう。国府関係木簡群の出土で知られる観音寺《かんのんじ》遺跡（徳島県徳島市）は、阿波《あわ》国府につながる遺跡であるが、近くに阿波国造碑《こくぞうひ》（徳島県名西《みょうざい》郡石井《いしい》町）や有力古墳が存在するなど、ここでも伝統的な有力地方豪族である阿波国造氏族の拠点の近傍に国府が営まれたという関係が推定できる。

七世紀代の国宰・国司は、中央からくだってきた貴人として、地方豪族に招かれて評家の客館に迎えられることがあったろうし、また、臨時に営まれる「仮屋《かりや》」に住むこともあったと考えられる。「仮屋」は、後世の院政《いんせい》期に法皇《ほうおう》が熊野《くまの》参詣する際に各地で宿所として営まれたり、因幡守《いなばのかみ》平時範《たいらのときのり》が任国《にんごく》因幡に下向した際にも各地で仮屋に迎えいれられるなど(『時範記《じはんき》』▲)、非永続使用の施設ではあるが、けっして粗末な建物ではなく、恒常的な国司館が営まれる以前に用いられたことも推察できる。

地方官衙遺跡の終焉としては、郡司層が解体するという社会的な変動に対応して十世紀ごろから国司制が受領《ずりょう》制(国司請負制)へと変容することが、地方官衙にも大きな影響をあたえ、国庁や郡家の衰退をもたらした。こうした変化に応じて、十世紀後半以降になると、画一的に営まれた国府・郡家の地方官衙遺跡は機能を失っていった。奈良時代の国司に比べて平安時代の受領の支配権は弱体化したわけではないが、中央への富の集中は国—郡—郷の地方行政組織と

▼**『時範記』** 院政期の官人平時範(一〇五四～一一〇九年)の日記。時範は、摂政《せっしょう》・関白《かんぱく》の藤原師実《もろざね》・師通《もろみち》らの家司《けいし》として、また朝廷の蔵人《くろうど》・弁官《べんかん》などとして活躍したが、日記中に、因幡守として任国に一時赴任し、国内諸社の神拝を行ったときの記録を書き留めている。

は別の形で行われるようになったのである。

国府では、受領制によって受領が租税調達を請け負って一国内の統治を委任されるようになると、国庁が機能を終えて、国司館がその機能を果たしていくようになる。その後は国司館が受領館のような形に変容していったと考えられる。もっとも、受領にも、現地に赴任せず遙任《ようにん》▲して目代《もくだい》▲を派遣する場合と、受領がその郎党《ろうとう》たちを率いて任国に赴任する場合とがあった。目代や国府につとめる在庁官人《ざいちょうかんじん》たちによる国内支配において、それまでの地方官衙にかわって、彼らの居宅・居館など、どのような施設が展開したのかを検討する必要があろう。

一方、郡家では、郡内の一元的な支配権を失って郡司層が解体していく過程とあわせて、画一的な地方官衙としての郡家の維持は困難になっていった。

こうした受領や土着国司たちの在地支配の拠点、そして地方における在庁官人や富豪層《ふごうそう》など郡司層にかわる在地有力者たちの拠点がどのようなものであったのかについても、これから考古学的検討が進むことを期待したい。

▼**遙任**　任命された国司・受領が平安京《へいあんきょう》にとどまり続け、任国の国府には赴任しないで、かわりに目代などを派遣して国務を行わせ、収入をえること。

▼**目代**　遙任する国司・受領の代理人として任国の国府に赴き、国内行政を代行する者。

古代地方官衙の歴史的意義

古代の地方官衙は、古代国家が中央集権的な地方支配を行ううえで、画一的・行政的・儀礼的な施設として諸国・諸郡に設置した支配装置であった。古代国家が中央集権的な国家体制を築くうえで、地方豪族たちの支配権を取り込んで地方支配を実現する際の、国家的統治を体現する施設として、地方官衙が営まれた。地方豪族による私的・人格的な支配にかわって、全国一律の行政的・制度的な統治が行われることを象徴するように、国府・郡家がほぼ統一的な基準で営まれたのであった。

地方官衙では、それが果たす多様な機能に応じて、諸機能を統括する複合性・総合性が国家的出先機関としての大きな特徴となった。こうした特徴に応じて、地方官衙遺跡は、遺跡群としてとらえる必要がある。国府にしても郡家にしても、それぞれの機能を担う個別の曹司(官舎・実務官衙)・館・正倉院・厨《くりや》・駅家・津・生産工房などの諸施設が機能分散しながらも複合して集中的に配置されるという官衙群のあり方をもった。

このように地方官衙は多様な機能を果たす諸施設の集合体であり、一つの郡内に複数の地方官衙が併存することもあることから、地方官衙遺跡は相当広域に発掘調査しないかぎり、あるいはよほど明確な遺構を検出しないかぎり、また出土文字資料にめぐまれないかぎり、部分的な発掘調査のみによって遺跡の全体像を確定することがむずかしい場合もある。

確定の「決め手」は、発掘調査によって、ほぼ完全な形で国庁・郡庁が発見される場合や、木簡・漆紙文書《うるしがみもんじょ》・墨書土器《ぼくしょどき》(「国厨」「国」「館」「守」「介」、「郡厨」「郡」「大領」「少領」……)などの出土文字資料にめぐまれることであるが、今日では、たとえこれらが得られなくても地方官衙としての構成要件を満たす遺跡のあることが認識されるにいたった。

かつて伊場遺跡(静岡県浜松市)の保存が問題になったときに、重要な地方官衙遺跡であるにもかかわらず、遠江《とおとうみ》国府(静岡県磐田《いわた》市)から離れて、郡家・駅家・津などと確定できないことをもって遺跡の重要性を疑う説もあったことを考えると、古代地方官衙の見方は大きく変化し進展してきたといえる。

地方官衙の果たした多様な機能を明らかにし、それに応じた「遺跡群としての地方官衙」に注目して、地方官衙が占めた立地や、関連する出先機関・寺院・官人居宅・集落・交通施設・祭祀場などとの関係を検討することをとおして、地方官衙と地域社会とのあいだの関係を読み解くことができれば、古代国家がどのようにして中央集権的なシステムを架構《かこう》しえたのか、また地方豪族はそのなかでどのような役割を果たし、どう変化していったのか、を解明することができるだろう。こうした視角から、これからさらに日本史学・考古学・歴史地理学などの協業による古代地方官衙の調査・研究が進むことを期待したい。

●——写真所蔵・提供者一覧(敬称略, 五十音順)

秋田市教育委員会　p. 43
宮内庁正倉院事務所　p. 20
国立歴史民俗博物館　p. 97
つくば市教育委員会　p. 76
天理大学附属天理図書館　p. 58
東北歴史博物館　カバー裏, 扉
栃木県教育委員会　p. 32, 51
奈良文化財研究所　p. 84
深谷市教育委員会　p. 73
藤枝市郷土博物館　p. 62
藤田励夫　p. 49
横浜市歴史博物館　カバー表, p. 64

三坂圭治『周防国府の研究』マツノ書店，1984年，もと1933年
三舟隆之『日本古代地方寺院の成立』吉川弘文館，2003年
宮城県教育委員会・宮城県多賀城跡調査研究所『多賀城跡　政庁跡』図録編・本文編，1980・82年
森公章『古代郡司制度の研究』吉川弘文館，2000年
八木充『日本古代政治組織の研究』塙書房，1986年
大和町(佐賀県)教育委員会『肥前国庁跡—遺構編—』2000年
山中敏史『古代地方官衙遺跡の研究』塙書房，1994年
山中敏史・佐藤興治『古代の役所』(古代日本を発掘する 5)岩波書店，1985年
吉田晶『日本古代国家成立史論』東京大学出版会，1973年
吉村茂樹『国司制度崩壊に関する研究』東京大学出版会，1957年
吉村茂樹『国司制度』塙書房，1962年
米田雄介『郡司の研究』法政大学出版局，1976年
和島村(新潟県三島郡)教員委員会『八幡林遺跡』(和島村埋蔵文化財調査報告書第 1 集・第 2 集・第 3 集)1992・93・94年

1999年
栃木県教育委員会『下野国府跡Ⅵ・Ⅶ』1985・87年
栃木県教育委員会『那須官衙関連遺跡Ⅶ』2001年
栃木県立しもつけ風土記の丘資料館『古代の役所』1992年
とちぎ生涯学習文化財団埋蔵文化財センター『長者ヶ平遺跡現地説明会資料』2002年
豊崎卓『東洋史上より見た常陸国府・郡家の研究』山川出版社，1970年
長野県埋蔵文化財センター『長野県屋代遺跡群出土木簡』1996年
奈良国立文化財研究所『古代の稲倉と村落・郷里の支配』1998年
奈良国立文化財研究所『律令国家の地方末端支配機構をめぐって』1998年
奈良国立文化財研究所埋蔵文化財センター『古代地方官衙遺跡関係文献目録』(埋蔵文化財ニュース81) 1996年
奈良文化財研究所『郡衙正倉の成立と変遷』2000年
奈良文化財研究所『古代の官衙遺跡　Ⅰ遺構編』2003年
奈良文化財研究所『古代の官衙遺跡　Ⅱ遺物・遺跡編』2004年
奈良文化財研究所『地方官衙と寺院—郡衙周辺寺院を中心として—』2005年
日本考古学協会三重県実行委員会『国府—畿内・七道の様相—』(日本考古学協会1996年度三重大会シンポジウム２) 1996年
服部昌之『律令国家の歴史地理学的研究』大明堂，1983年
原秀三郎『日本古代国家史研究』東京大学出版会，1980年
兵庫県氷上郡春日町『山垣遺跡発掘調査報告書』1990年
平川南『漆紙文書の研究』吉川弘文館，1989年
平川南『墨書土器の研究』吉川弘文館，2000年
平川南『古代地方木簡の研究』吉川弘文館，2003年
深沢靖幸『武蔵国府跡』府中市郷土の森博物館，2001年
福島県教育委員会『関和久遺跡』1985年
藤枝市(静岡県)教育委員会『国指定史跡志太郡衙出土の文字資料』1982年
藤枝市教育委員会『駿河国「志太郡衙跡」』1993年
藤岡謙二郎『国府』(３版)吉川弘文館，1974年，もと1969年
防府市教育委員会『周防の国衙』1967年
松山市教育委員会『史跡久米官衙遺跡群』2006年

金田章裕『古代景観史の探究―宮都・国府・地割―』吉川弘文館，2002年
倉吉市教育委員会『不入岡遺跡発掘調査報告書』1996年
国立歴史民俗博物館『国立歴史民俗博物館研究報告』第10集，1986年
国立歴史民俗博物館『国立歴史民俗博物館研究報告』第20集，1989年
埼玉考古学会『坂東の古代官衙と人々の交流』2002年
栄原永遠男『奈良時代流通経済史の研究』塙書房，1992年
坂本太郎『日本古代史の基礎的研究』制度編，東京大学出版会，1964年
佐藤信『日本古代の宮都と木簡』吉川弘文館，1997年
佐藤信『古代の遺跡と文字資料』名著刊行会，1999年
佐藤信『出土史料の古代史』東京大学出版会，2002年
佐藤信編『律令国家と天平文化』(日本の時代史４)吉川弘文館，2002年
佐藤信『日本の古代』放送大学教育振興会，2005年
滋賀県教育委員会『滋賀県文化財調査報告書』1977年
篠川賢『大王と地方豪族』(日本史リブレット５)山川出版社，2001年
島根県教育委員会『史跡出雲国府跡１』2003年，『同２』2004年
島根県教育庁埋蔵文化財調査センター『東林木ＢＰ発掘調査概報―山持遺跡青木遺跡の概要―』2004年
須原祥二「八世紀の郡司制度と在地」『史学雑誌』105―７，1996年
関市(岐阜県)教育委員会『美濃国武義郡衙弥勒寺東遺跡―第１～５次発掘調査概要―』1999年
千田稔『埋れた港』学生社，1974年
仙台市教育委員会『郡山遺跡発掘調査報告書―総括編⑴―』『同⑵』2005年
高井悌三郎『常陸国新治郡上代遺跡の研究』桑名文星堂，1944年
高島英之『古代出土文字資料の研究』東京堂出版，2000年
竹内理三編『伊場木簡の研究』東京堂出版，1981年
大刀洗町(福岡県)教育委員会『史跡下高橋官衙遺跡整備基本構想』2003年
辰巳四郎・屋代方子『栃木県真岡市京泉塔法田遺跡発掘調査略報』1966年
田中広明『地方の豪族と古代の官人』柏書房，2003年
垂井町(岐阜県)教育委員会『美濃国府跡発掘調査報告Ⅲ』2005年
つくば市教育委員会『国史跡平沢官衙遺跡復原整備基本計画書』1997年
徳島県埋蔵文化財センター『観音寺木簡　観音寺遺跡出土木簡概報』

●──参考文献

秋田城跡調査事務所『秋田城出土文字資料集Ⅱ』(秋田城跡調査事務所研究紀要Ⅱ)1992年

阿部義平『官衙』(考古学ライブラリー50)ニュー・サイエンス社，1989年

石松好雄・桑原滋郎『大宰府と多賀城』(古代日本を発掘する4)岩波書店，1985年

石母田正『日本の古代国家』岩波書店，1971年

石母田正『日本古代国家論』第1部，岩波書店，1973年

井上辰雄『正税帳の研究』塙書房，1967年

茨城県教育財団『常磐自動車道関係埋蔵文化財発掘調査報告書　鹿の子C遺跡』1983年

今泉隆雄『古代宮都の研究』吉川弘文館，1993年

いわき市教育委員会『根岸遺跡―磐城郡衙跡の調査―』2000年

上田三平『史蹟精査報告第三―払田柵跡・城輪柵跡―』1938年

上田市立信濃国分寺資料館『東国の国府―発掘された古代の役所―』2000年

岡田荘司編『古代諸国神社神階制の研究』岩田書院，2002年

岡部町(埼玉県)教育委員会『中宿遺跡　推定・榛沢郡正倉跡の調査』1995年

小郡市教育委員会『小郡遺跡発掘調査と環境整備報告』1980年

鹿嶋市文化スポーツ振興事業団『図説鹿嶋の歴史　原始・古代編』2006年

勝部昭『出雲国風土記と古代遺跡』(日本史リブレット13)山川出版社，2002年

加藤友康「国府と郡家」『新版 古代の日本7　中部』角川書店，1993年

加藤友康「国・郡の行政と木簡」『木簡研究』15号，1993年

上三川町教育委員会・宇都宮市教育委員会『上神主・茂原官衙遺跡』2003年

北区(東京都)教育委員会『御殿前遺跡』1988年

木下良『国府』教育社歴史新書，教育社，1988年

木下良編『古代を考える　古代道路』吉川弘文館，1996年

九州歴史資料館『大宰府政庁跡』2002年

日本史リブレット 8

古代《こだい》の地方官衙《ちほうかんが》と社会《しゃかい》

2007年 2 月25日　1 版 1 刷　発行
2021年 3 月31日　1 版 6 刷　発行

著者：佐藤《さとう》　信《まこと》

発行者：野澤武史

発行所：株式会社 山川出版社

〒101－0047　東京都千代田区内神田 1 －13－13
電話　03(3293)8131(営業)
　　　03(3293)8135(編集)
https://www.yamakawa.co.jp/
振替　00120-9-43993

印刷所：明和印刷株式会社

製本所：株式会社 ブロケード

装幀：菊地信義

Printed in Japan ISBN 978-4-634-54080-4

日本史リブレット　第Ⅰ期［68巻］・第Ⅱ期［33巻］　全101巻

1 旧石器時代の社会と文化
2 縄文の豊かさと限界
3 弥生の村
4 古墳とその時代
5 大王と地方豪族
6 藤原京の形成
7 古代都市平城京の世界
8 古代の地方官衙と社会
9 漢字文化の成り立ちと展開
10 平安京の暮らしと行政
11 蝦夷の地と古代国家
12 受領と地方社会
13 出雲国風土記と古代遺跡
14 東アジア世界と古代の日本
15 地下から出土した文字
16 古代・中世の女性と仏教
17 古代寺院の成立と展開
18 都市平泉の遺産
19 中世に国家はあったか
20 中世の家と性
21 武家の古都、鎌倉
22 中世の天皇観
23 環境歴史学とはなにか
24 武士と荘園支配
25 中世のみちと都市
26 戦国時代、村と町のかたち
27 破産者たちの中世
28 境界をまたぐ人びと
29 石造物が語る中世職能集団
30 中世の日記の世界
31 板碑と石塔の祈り
32 中世の神と仏
33 中世社会と現代
34 秀吉の朝鮮侵略
35 町屋と町並み
36 江戸幕府と朝廷
37 キリシタン禁制と民衆の宗教
38 慶安の触書は出されたか
39 近世村人のライフサイクル
40 都市大坂と非人
41 対馬からみた日朝関係
42 琉球の王権とグスク
43 琉球と日本・中国
44 描かれた近世都市
45 武家奉公人と労働社会
46 天文方と陰陽道
47 海の道、川の道
48 近世の三大改革
49 八州廻りと博徒
50 アイヌ民族の軌跡
51 錦絵を読む
52 草山の語る近世
53 21世紀の「江戸」
54 近代歌謡の軌跡
55 日本近代漫画の誕生
56 海を渡った日本人
57 近代日本とアイヌ社会
58 スポーツと政治
59 近代化の旗手、鉄道
60 情報化と国家・企業
61 民衆宗教と国家神道
62 日本社会保険の成立
63 歴史としての環境問題
64 近代日本の海外学術調査
65 戦争と知識人
66 現代日本と沖縄
67 新安保体制下の日米関係
68 戦後補償から考える日本とアジア
69 遺跡からみた古代の駅家
70 古代の日本と加耶
71 飛鳥の宮と寺
72 古代東国の石碑
73 律令制とはなにか
74 正倉院宝物の世界
75 日宋貿易と「硫黄の道」
76 荘園絵図が語る古代・中世
77 対馬と海峡の中世史
78 中世の書物と学問
79 史料としての猫絵
80 寺社と芸能の中世
81 一揆の世界と法
82 戦国時代の天皇
83 日本史のなかの戦国時代
84 兵と農の分離
85 江戸時代のお触れ
86 江戸時代の神社
87 大名屋敷と江戸遺跡
88 近世商人と市場
89 近世鉱山をささえた人びと
90 「資源繁殖の時代」と日本の漁業
91 江戸の浄瑠璃文化
92 江戸時代の老いと看取り
93 近世の淀川治水
94 日本民俗学の開拓者たち
95 軍用地と都市・民衆
96 感染症の近代史
97 陵墓と文化財の近代
98 徳富蘇峰と大日本言論報国会
99 労働力動員と強制連行
100 科学技術政策
101 占領・復興期の日米関係